儿童研学实践教育丛书

儿童自然教育理论与实践

黄向 戴玉映 杨舒宇 ◎ 编著

旅游教育出版社
·北京·

图书在版编目（CIP）数据

儿童自然教育理论与实践 / 黄向，戴玉映，杨舒宇编著. -- 北京：旅游教育出版社，2024.2
（儿童研学实践教育丛书）
ISBN 978-7-5637-4645-3

Ⅰ．①儿… Ⅱ．①黄… ②戴… ③杨… Ⅲ．①自然教育－教学研究－中小学 Ⅳ．①G633.552

中国国家版本馆CIP数据核字(2024)第017866号

儿童研学实践教育丛书
儿童自然教育理论与实践
黄　向　戴玉映　杨舒宇　编著

责任编辑	何丹
出版单位	旅游教育出版社
地　　址	北京市朝阳区定福庄南里1号
邮　　编	100024
发行电话	（010）65778403　65728372　65767462（传真）
本社网址	www.tepcb.com
E-mail	tepfx@163.com
排版单位	北京旅教文化传播有限公司
印刷单位	唐山玺诚印务有限公司
经销单位	新华书店
开　　本	787毫米×1092毫米　1/16
印　　张	7
字　　数	105千字
版　　次	2024年2月第1版
印　　次	2024年2月第1次印刷
定　　价	40.00元

（图书如有装订差错请与发行部联系）

序 言

  研学实践，是遵从马克思辩证唯物主义认识论和方法论的学习方法，实践是知识的源泉，实践才能出真知。2018年9月的全国教育大会上，习近平总书记指出：让学生在底蕴深厚的课程教材中、在参观名胜古迹的亲身体验中，了解中华文化变迁，触摸中华文化脉络，感受中华文化魅力，汲取中华文化精髓，让中华优秀传统文化基因一代代传承下去。研学实践教育是落实习近平总书记讲话精神，提升我国儿童及青少年核心素养的重要举措。

  2021年7月中共中央办公厅和国务院办公厅印发《关于进一步减轻义务教育阶段学生作业负担和校外培训负担的意见》，我国基础教育领域开启了以"双减"为抓手，推动教育观念、教育体系、育人方式、教育评价、家校社协同多方面的深刻变革。然而，"双减"政策不是搞一减了之，而是在提升课堂教学质量的同时，做到有"减"有"增"。研学实践就是应该增的内容。早在2016年，教育部等11部门推出了《关于推进中小学生研学旅行的意见》（教基一〔2016〕8号文件），明确指出：各中小学要结合当地实际，把研学旅行纳入学校教育教学计划，与综合实践活动课程统筹考虑，促进研学旅行和学校课程有机融合，要精心设计研学旅行活动课程，做到立意高远、目的明确、活动生动、学习有效，避免"只旅不学"或"只学不旅"现象；学校根据教育教学计划灵活安排研学旅行时间，一般安排在小学四到六年级、初中一到二年级、高中一到二年级，尽量错开旅游高峰期；学校根据学段特点和地域特色，逐步建立小学阶段以乡土乡情为主、初中阶段以县情市情为主、高中阶段以省情国情为主的研学旅行活动课程体系。

  就教育而言，政府、学校和家长都逐渐认识到让学生走万里路的重要性；就市场而言，在新冠疫情后的文旅市场井喷式发展中，研学发挥了主力军的作用。然而，人民群众对美好研学实践教育的向往与现实中研学市场发展缺乏理论指导、产品过于粗放、教育元素欠缺等问题现状存在着较为严重的矛盾，亟需学术界和实践界静下心来研究一套真正适应中国国情,以祖国大好河山和优秀中华文化等为载体,以研究性学习为主要学习方法的研学实践教育体系。

黄向教授的学科背景是旅游管理/旅游地理,他给我介绍了"非惯常环境"的概念,其特点是心理意义上的陌生性,地理意义上的异地性与时间意义上的暂时性,这是旅游研究的核心概念和情境。陶行知先生强调"生活即教育",非惯常环境的教育价值如何发挥,目前无论是教育研究还是旅游研究的学术共同体都还较少对相关的问题进行探讨。研学实践教育,是教旅融合的产物,对于研究者而言,是一个教育与旅游研究的全新交叉领域;对于产业界而言,则是一个蓬勃发展的新兴市场。"儿童研学实践教育丛书"正是在这样的背景下推出,将聚焦自然教育、园艺教育、营地教育、红色教育、户外教育、文化研学等研学实践教育领域,既有很好的理论价值,也对市场实践有很好的指导意义。

我与黄向教授相识于一次研究课题的结题会,同人介绍他人品和学问俱佳。他的结题陈述思路清晰,层次分明,论证严谨,给我留下了深刻的印象。几天相处交谈中,得知其祖上黄遵宪(公度)及家族多位成员是我国最早的一批现代教育的开拓者、传播者、实践者,并立下了"办学、助学、奖学"的族规,令人肃然起敬。他太太放弃当时待遇优厚的公职,心怀教育改革与探索的梦想,着手去创办理想中的教育。更令我震撼的是,他们放弃自己孩子到华南师大附小读书的机会,把孩子放到两人一起创办的书院式学校里,探索新时代属于中国自己的书院式教育。华南师大附小可是全国知名的小学,孩子的学习成绩也很优秀。这需要下多大的决心,且对自己的教育体系有多大的自信啊!经过多年实践,他们成功了!学校的学生阳光向上,成绩优秀,全面发展,进入中学阶段后,展现出小学阶段所接收的通识教育带来的雄厚童子功的十足后劲。黄向教授有深厚的家教底蕴,有良好的学历背景,有几代人对教育的执着追求和近乎宗教般的虔诚。特别是他让人动容的孜孜不倦的探索精神让我坚信,他一定能出一批跟随时代脚步、回应时代声音的好书。

最后,期望这套丛书能帮助对非惯常环境下的教育有研究兴趣的学者们从不同的角度开展研究,帮助对培养孩子综合素养十分重视的家长们从其中汲取教育灵感,帮助研学行业的从业者能更好地将理论与实践相结合,助力我国早日从研学大国转型为研学强国,不仅让中国青少年能通过研学了解认识自己的国家,也能让其他国家的青少年通过优秀的研学产品更多地了解中国的锦绣河山和中华优秀传统文化。

杨文轩
二级教授、原华南师范大学党委书记

前言

"儿童研学实践教育丛书"是以"非惯常环境下的教育"为主题的系列书籍。惯常环境是一个人的居住地和所有的常访地组成的一定区域之和,非惯常环境即相对于惯常环境而言,既是地理学概念,也是心理学概念(张凌云,2009)。非惯常环境的特点是心理意义上的陌生性、地理意义上的异地性与时间意义上的暂时性。非惯常环境具备教育价值,这是在我国方兴未艾的"研学实践"(研学旅行)的理论基础,也是"读万卷书,行万里路"的核心作用机制。然而,至今还较少有成体系的著作对这个领域进行详细的探讨和研究。本丛书试图从研学实践教育的细分领域出发,旨在为从事相关领域的教师、业者和有兴趣的读者系统地梳理该领域的理论和案例,从而为其开展相关教育活动提供科学依据和参考。《儿童自然教育理论与实践》是该丛书的第一本。

什么是自然教育呢?卢梭认为,自然教育是以适应人的生理、心理的自然本能,以发展儿童的天性为目的的教育。这个教育思想为如今如火如荼开展的自然教育实践奠定了思想基础。本书所讨论的自然教育是在自然环境中开展,通过课程、游戏等方式学习自然知识、体验自然趣味、建立自然联结,最后培养热爱自然、尊重自然的情感,以期在全社会形成人与自然和谐相处的教育方式。在我国现有的行业实操中,也以上述内容作为课程和产品开发的概念基础。

近年来,自然教育在我国呈现爆发式增长,让孩子更多到户外接触自然已然成为父母的共识。然而,自然教育的基础理论是什么,这个行业在国内外的现状如何,怎样才能设计出符合儿童生理和心理特点的课程,让儿童能寓学于乐,市面上还较少有相关的专业书籍可供读者选择。鉴于此,我们编写了《儿童自然教育理论与实践》。

首先,本书对自然教育的概念、目标、主体与客体进行了辨析,比较了自然教育和环境教育的差异,并简要介绍了国内相关的实践与发展。其次,本书介绍了自然学校、森林学校和户外教育组织三类自然教育在国内外的实践形式。再次，以自然教育课程为主题，本书的第三、四、五、六章从课程开发、课程实施、课程评价和课程典型案例这四个方面进行阐述，涵盖了课程设计的全程。第七章从营地和基地教育的视角探讨了营地和基地作为载体如何融入自然教育。第八章则从人才培养的角度对自然教育导师型人才的培养现状和素养要求进行了阐述。

总体而言，本书期望成为有兴趣的读者了解自然教育的入门读物，使其在掌握系统理论的基础上能更好地开展自然教育的实践。

黄向

于广州华南师范大学

目 录

第一章 自然教育绪论 …………………………………………………… 1
  一、自然教育的历史演进 …………………………………………… 1
  二、"自然教育"的概念、目标与特点 …………………………… 6
  三、自然教育与环境教育的关系 …………………………………… 12
  四、国内自然教育实践与发展 ……………………………………… 15
  五、自然教育的主体与客体 ………………………………………… 20

第二章 自然教育实践形式 ……………………………………………… 22
  一、自然学校 ………………………………………………………… 22
  二、森林学校 ………………………………………………………… 24
  三、户外教育组织 …………………………………………………… 27

第三章 自然教育课程开发 ……………………………………………… 30
  一、自然教育课程开发的原则 ……………………………………… 30
  二、自然教育课程开发的支撑 ……………………………………… 33
  三、自然教育课程基本内容 ………………………………………… 35
  四、自然教育课程设计流程 ………………………………………… 36

第四章 自然教育课程实施 ……………………………………………… 40
  一、自然教育课程行前准备 ………………………………………… 40
  二、自然教育教学方法与策略 ……………………………………… 42

三、风险管控与应急处理 ·· 46

第五章　自然教育课程评价 ·· 49
一、自然教育课程评价类型 ·· 49
二、自然教育课程评价原则 ·· 51
三、自然教育课程评价方法 ·· 52

第六章　自然教育课程典型案例 ·· 55
一、国外案例 ·· 55
二、国内案例 ·· 64

第七章　营地和基地教育 ·· 77
一、营地教育背景 ·· 77
二、营地教育相关研究 ·· 78
三、自然教育营地与基地 ·· 80
四、自然教育营地案例 ·· 81
五、自然教育基地案例 ·· 82
六、自然教育营地、基地开发原则 ·· 86
七、自然教育营地、基地开发策略 ·· 87

第八章　自然教育导师型人才的培养现状和素养要求 ·· 93
一、国外自然教育导师型人才的培养情况 ·· 93
二、我国自然教育导师型人才的培养情况 ·· 96
三、国外自然教育导师型人才培养模式对我国的启示 ·· 99
四、自然教育导师教学素养要求 ·· 101
五、自然教育导师专业素养要求 ·· 101

第一章 自然教育绪论

一、自然教育的历史演进

自然教育的发展历史悠久，可追溯到古希腊亚里士多德（Aristotle）的"效法自然"，还可以追溯到文艺复兴时期人文主义强调的"尊重儿童，主张儿童的个性自由而充分的发展"。18世纪法国教育家卢梭（Rousseau）在其著作《爱弥儿》中提出的"自然教育"被称作教育界的"哥白尼式革命"，直到今天，我们仍在前人的基础上不断地探索自然教育。

关于"自然"一词，英国教育史学家亚当斯（Adams）认为"自然"有三种含义，其一是指人们的个别天性；其二是与"人为的"对立的"自然"；其三是指自然界。[1] 布拉特曼（Bratman）等（2015）认为，"自然是指一个承载了生命系统要素，包含了植物和非人类动物的地区，这种地区涵盖了不同程度的人类管理嵌入，较高嵌入的如城市公园和乡村农庄等，较低嵌入的如原始的荒野"[2]。王向荣和林箐（2013）则将自然分为第一自然（纯粹的自然，如荒野），第二自然（劳作的自然，如农田）和第三自然（美学的自然，如园林）。[3]

根据对文献资料的整理，针对不同时期自然教育对"自然"的侧重强调，本书认为"自然教育"大体上可分为两大类。一类是以卢梭为代表所提倡的自然教育，强调的"自然"主要是指人们的个别天性，这类学者所说的"自然教育"是指教育要遵循儿童成长的规律，尊重儿童的本性，是要倡导适应"人的天性"的教育。这类自然教育产生在19世纪以前，封建社会时期存在压抑人性、禁锢思想、轻视学问、教育无视儿童的身心发展规律的现象，严重影响教育事业的健康发展，引起社会上有识之士的不满。

另一类则是进入20世纪后，现代社会所提倡的自然教育，虽然也强调要遵循儿童

---

[1] ADAMS J S. The evolution of educational theory [M]. London: Macmillan Publishers Limited, 1912.
[2] BRATMAN A, GREGORY N, DAILY B, GRETCHEN C, LEVY C, BENJAMIN J, et al. The benefits of nature experience: improved affect and cognition [J]. Landscape and Urban Planning, 2015, 138: 41-50.
[3] 王向荣，林箐. 自然的含义 [J]. 城市环境设计，2013（5）：128-129+130-133.

的身心发展规律开展教育活动，但这里强调的"自然"是指自然界，强调通过自然教育，拉近人与自然的距离，感悟自然，体验自然，促进人的健康成长，培养人们敬畏自然、爱护自然的情感，旨在通过自然教育，促进人与自然的和谐发展。这类自然教育产生的背景是社会进入工业革命时期，特别是在社会的现代化进程中，人们渐渐远离了自然，与自然"疏远"了，甚至还患上了"自然缺失症"（形容与自然疏远后产生的心理和行为上的问题）。现代社会所提倡的自然教育与环境教育有很大的共通之处，或者说，两者有密切的联系。

1. 以卢梭为代表的自然教育

关于自然教育的起源，如果从亚里士多德"知觉与概念"的哲学思想来看，那么他可以被称为"自然主义的先锋"。亚里士多德的教育思想认为："儿童的生活是合植物与人类生活而成的，必然要依照其自然的发达以为教育，则可更明显地提供一种教育上的自然主义运动了。"亚里士多德认为人的灵魂由植物性部分（身体部分）、动物性部分（非理性部分）和理性部分三个部分组成。"就创生的程序而言，躯体先于灵魂，灵魂的非理性部分先于理性部分。"以灵魂论为基础，以人的身心发展规律为依据，亚里士多德提出了循序渐进的教育程序。在《政治学》中，亚里士多德强调："教育的目的及作用，有如一般的艺术，原来就在效法自然，并对自然的任何缺漏加以殷勤的补缀而已。"[①] 只有遵循人发展的规律进行教学，才能取得良好的教育效果。

夸美纽斯（Comenius）对自然教育的发展也有重大的贡献，他将"教育要适应自然"（或称"自然适应性"）作为教育的主导原则。其所论述的教与学的原则、方法、规则等均是从这一原则中演绎出来的[②]。在其著作《大教学论》中能寻得许多"教育要适应自然"的观点。"自然遵循适当的时机""在自然的一切作为里发展都是内发的""自然小心地避免障碍和一切可能产生伤害的事物""自然不性急，它只慢慢前进"等[③]。夸美纽斯关于"自然"的论述，不仅为教育者提出了建议，还在受教育者的年龄、心理特征等方面提出了宝贵的建议。由于时代的限制，夸美纽斯"教育要适应自然"的理论存在一定的缺陷，但从以上的观点中我们能得知夸美纽斯极力反对打破自然规律、压迫儿童个性发展、不遵循儿童成长规律的教学方式，并希望教育能以遵循自然、循序渐进的方式进行。

在卢梭以前，除了亚里士多德、夸美纽斯等人对自然教育的发展作出不可替代的贡

---

① 薛文蔚. 自然主义与教育［M］. 上海：商务印书馆，1933.
② 杨汉麟，周采. 外国教育思想通史：第5卷 17世纪的教育思想［M］. 长沙：湖南教育出版社，2002.
③ 夸美纽斯. 大教学论［M］. 傅任敢，译. 北京：人民教育出版社，1984.

献外，还有许多学者也曾涉足自然教育领域，在此不赘述。虽然许多学者的观点中带有自然教育的印记，但还带有某些旧时代的痕迹，没有对时代发展产生颠覆性的影响，因此不能被称作彻底的革命者。

卢梭之所以被认作教育学"哥白尼式革命"的发起者，是因为他的思想具有革命性的意义。在他的教育理念中，提出了要使儿童成为教育过程核心的理念。除此之外，他对儿童概念的发展也作出了巨大的贡献，即教育学上著名的"儿童的发现"[1]。他的思想观点对人类社会的发展产生了深远影响，直至今日，我们仍在借鉴和探索他的思想。正如杜威（Dewey）在《明日之学校》中指出的："我们现在努力追求的教育进步，其精彩之处已被他（卢梭）一语道破，他的意思是说，教育不是把外面的东西强迫儿童或者青年去吸收，而是要使人类'与生俱来'的能力得以生长。"[2] 从裴斯塔洛齐（Pestalozzi）、赫尔巴特（Herbart）、福禄培尔（Frobel）、蒙台梭利（Montessori）以及杜威等人的思想中，我们都能寻得卢梭自然教育思想的影子。

卢梭在其著作《爱弥儿》的原序中提到"我要叙述的，不是别人的思想，而是我自己的思想，我和别人的看法毫不相同"。卢梭认为，教育由三种不同的教育组成，他写道："这种教育，我们或是受之于自然，或是受之于人，或是受之于事物。我们的才能和器官的内在发展，是自然的教育；别人教我们如何利用这种发展，是人的教育；我们对影响我们的事物获得良好的经验，是事物的教育。"卢梭认为，"在这三种教育中，自然的教育完全是不能由我们决定的，事物的教育只是在有些方面才能够由我们决定。只有人的教育才是我们能够真正地加以控制的。"通过对三种教育的论述，卢梭认为教育要成功，就必须把三种教育结合起来，并且是要使其他两种教育配合我们无法控制的那种教育。言外之意，就是要使人的教育和事物的教育配合自然的教育。而教育的目标就是自然的目标，也就是希望教育能够使我们的才能和器官得到发展，即人的天性的发展，这就是他所说的"教育是要遵循人的天性"原则[3]。

裴斯塔洛齐的教育思想受卢梭自然教育思想的影响，他在其著作《葛笃德怎样教育她的子女》中论述了他的教育思想，裴斯塔洛齐认为："教育家便如同一个辛勤培育花木的园丁，而这些花木是自然生长的。""什么是真正的教育呢？它就如同一位园丁的艺术，在他的照看下，百花齐放，万木争春。他对花木实际的生长没有任何作用，生长的要素寄存于树木之中，园丁种植浇水，但是上帝让其生长。"裴斯塔洛齐明确地表述了

---

[1] 朱旭东，王保星.外国教育思想通史：第6卷 18世纪的教育思想[M].长沙：湖南教育出版社，2002.
[2] 杜威.明日之学校[M].朱经农，潘梓年，译.上海：商务印书馆，1923.
[3] 卢梭.爱弥儿·论教育：上[M].李平沤，译.北京：商务印书馆，2017.

一个观点,即教育不能强加给儿童任何东西,而仅仅应该把已存在儿童身上的东西取出来[1]。裴斯塔洛齐的自然教育思想从卢梭那里发展而来,又比卢梭的自然教育思想更进了一步,他认为教育不仅是遵循自然的天性,天性不是完美无缺的,所以需要进行补充和纠正,他提出的"教育心理学化",不仅把教育提到科学的高度,还使他的自然教育思想有了更为深刻的内涵[2]。

福禄培尔的"教育必须顺应自然"的思想同样受到卢梭、裴斯塔洛齐等教育家的影响,而且他曾师从裴斯塔洛齐,他在前者的基础上又发展了自然教育思想。福禄培尔在《人的教育》中详细地论述了他顺应自然的教育思想,"教育必须顺应自然"的法则是福禄培尔教育思想体系中极为重要的一条原则,以这一原则为基础,福禄培尔认为:"原来的教育、教学和训练,其最初的基本标志必然是容忍的、绝对的、干预性的,如果我们的教育是专断的、指示性的训练,那么这种教育和教学必然起着毁灭性、阻碍的、破坏的作用。"他指出,良好的教育、教学必须效法、遵循自然事物发展的正确道路,小心翼翼地追随儿童的本能和天性。他用园丁修剪葡萄藤的类比呼吁教育要遵循儿童自然的本性,否则即便是出于好心,如果违背儿童的自然本性,那也只会适得其反。他说:"葡萄藤应当被修剪。但是修剪本身不会给葡萄藤带来葡萄,相反地,不管出自多么良好的意图,如果园丁在工作中不是十分耐心地、小心地顺应植物本性的话,葡萄藤可能由于修剪而被彻底毁灭,它的肥力和结果能力也将被破坏。"[3]

在教育思想史上,自然教育有着重要的地位和影响,从古希腊亚里士多德的"效法自然"开始,关于"自然教育"的讨论就从未停止,许多教育家的教育理论或多或少地受到了亚里士多德、卢梭等人的影响。从19世纪后半叶开始,学者转向探讨科学教育、实验教育、儿童教育等教育理论,自然教育不再是西方教育界关注的重要议题,但是在儿童教育、美国进步主义教育和欧洲新教育运动中,我们仍然能寻得以发展儿童本性为原则的"自然教育"的影子。

2. 20世纪后的自然教育

自然教育的发展是一脉相承的。由于时代背景的变化,也为了更容易理解自然教育的发展,因此将20世纪作分割线展开论述自然教育的发展。进入20世纪以来,科学技术发生了革命性的变化,技术与经济表现出越来越密切的关系。内燃机、电力等的出现和应用,使社会生产力得到巨大的提高,许多国家的第一产业和第二产业也得到了迅猛

---

[1] 劳伦斯.现代教育的起源和发展[M].纪晓林,译.北京:北京语言学院出版社,1992.
[2] 钟昱.浅析自然教育理论的历史演进[J].四川教育学院学报,2003(5):15-17.
[3] 福禄培尔.人的教育[M].孙祖复,译.北京:人民教育出版社,2001.

的发展。基于此，自然教育也发生了巨大的变化。这个时期，研究者关注的"自然"不再是单纯的"人的本性"，而是更为重要的"自然界"和"自然环境"。

第二次工业革命后，随着工业化、城镇化的快速发展，以及由于战乱、无节制的自然资源开采和肆意破坏大自然等行为带来的一系列危机，人与自然界的关系发生了微妙的变化，特别是在一些工业化、城市化得到快速发展的西方国家，人们渐渐地远离了自然，与自然界的接触减少了。"在19世纪的城市化之前，没有必要在教育和户外环境之间建立正式的联系，在那之前，孩子们在户外度过了大量的时间，那是他们正常生活的一部分。"[①] 在这个时期，人们开始重新思考人与自然的关系，开始意识到"在自然界中进行教育活动"的重要性[②]。

20世纪早期，出现了许多强调人与自然界联结的教育名词，例如威尔伯·杰克曼（Wilbur Jackman）和安娜·博茨福德·康斯托克（Anna Botsford Comstock）在其文章中提到的自然学习（nature study），鼓励学生积极参加户外活动。保护教育（conservation education）强调保护人类所消耗的自然资源。源于自然学习的户外教育（outdoor education）被定义为发生在户外环境中，为了户外环境，关于户外环境的体验式学习[③]，户外教育强调自然环境对人类发展的重要作用。其中，最引人思考的应是环境教育的产生。环境教育的产生和发展有深厚的思想基础，它的产生受到如卢梭、杜威、蒙台梭利等教育家的影响。关于环境教育的起源，最早可追溯到1948年，威尔士自然保护协会主席托马斯·普瑞查（Thomas Pritchard）提出："我们需要有一种教育，可以将自然与社会科学加以综合"，他把这种教育称为"环境教育"。关于环境教育，目前较为的权威是1970年美国《联邦环境教育法》中对"环境教育"的定义："环境教育是指理解人类与周围的自然环境和人为环境之间的关系的教育过程，这种关系包括人口、污染、资源的分配和枯竭、自然保护、运输、技术、都市和乡村的开发计划对人类环境的影响。"

环境教育与自然教育、户外教育、保护教育等具有相同的本源，这一说法得到许多学者的认可和论证，美国学者纳什（Nash）在考究环境教育的过程中，提出自然研究、保护教育、户外教育、自然教育等都是环境教育产生的基础[④]。可以确定的是，自然教

---

① KNIGHT S. Forest Schools and outdoor learning in the early years [J]. Asia Pacific Journal of Social Work, 2009, 1（1）: 26-47.
② 宋然. 自然教育的演进及其典型实践模式 [J]. 东方娃娃·保育与教育, 2020（3）: 49-52.
③ BEAMES S, HIGGINS P, NICOL R. Learning outside the classroom: theory and guidelines for practice [M]. London: Routledge, Taylor & Francis Group, 2012.
④ 王燕津. "环境教育"概念演进的探寻与透析 [J]. 比较教育研究, 2003（1）: 18-22.

育为环境教育的产生与发展奠定了坚实的基础,二者联系紧密,不可将两者孤立地进行讨论。

再次引起人们讨论自然教育热潮的是理查德·洛夫(Richard Louv)的《林间最后的小孩——拯救自然缺失症儿童》一书,这本书旨在"探讨儿童与自然之间不断扩大的裂痕,以及这种变化所带来的有关环境的、社会的、人类心理和心灵的影响……为了孩子,也为了成年人的健康,我们有必要保持与自然的接触"。他在书中提出的"自然缺失症"引起了人们的重视和思考,"自然缺失症"指的是"人类因疏远自然而产生的各种表现,如感觉迟钝、注意力不集中、生理和心理疾病高发"[1]。这一说法犹如警钟,警示人们若与自然疏远,便会潜移默化地给个人身体健康和日常生活带来种种危害。此书问世后,自然教育基地、森林学校等自然教育机构如雨后春笋般迅速发展起来,我国自然教育的迅速发展也受到此书的影响。

前面提到的以卢梭为代表的"自然教育"所倡导的是符合人类天性的教育,特别强调教育应遵循儿童身心发展规律,使儿童自然而然地成长,而20世纪后提及的"自然教育"更强调人与自然的和谐相处,强调人对自然的情感和行为,这两者虽然都在讲自然教育,但是其中侧重的"自然"不同,理论的立足点和所处的社会背景也不同,混为一谈并非明智之举。本书论述的"自然"主要是指"自然界",论述的"自然教育"主要指的是20世纪后重视建立人与自然联结,重视人与自然和谐发展的自然教育。

二、"自然教育"的概念、目标与特点

1."自然教育"的概念

"自然教育"的概念对于发展自然教育有重大的意义,但是亚里士多德、夸美纽斯、卢梭以及继续探索自然教育的裴斯塔洛齐、福禄培尔、杜威和蒙台梭利等教育家也并未给自然教育一个明确的定义。虽然自然教育并不是新生的事物,但是学术界对于自然教育的概念理解并未统一。正如前面章节所述,不同时期对"自然"概念的侧重不同,所讨论的"自然教育"也不相同。为了帮助读者更清晰地理解不同时期"自然教育"的区别,本节将从两个方面进行对自然教育概念进行讨论,即20世纪以前以卢梭为代表的"自然教育"和20世纪以后社会进入工业化时代的"自然教育"。

(1)20世纪前以卢梭为代表的"自然教育"。

根据上述对20世纪以前的"自然教育"的论述,夸美纽斯、裴斯塔洛齐、福禄贝尔等人对自然教育的看法与卢梭对自然教育的观点是相似的,关于对"自然"的核心认

---

[1] 理查德·洛夫.林间最后的小孩——拯救自然缺失症儿童[M].王西敏,译.北京:中国发展出版社,2014.

知（儿童的天性）是一致的。卢梭是西方教育史上自然教育理论的代表，他关于自然教育的核心思想是"归于自然"，认为善良的人性存在于纯洁的自然状态中，从儿童所受的多方面影响来论证教育必须"回归自然"，认为"自然的教育可以使一个人适合所有一切人的环境"。卢梭对自然教育的阐释可以概括为以下四个部分，其一，自然教育是儿童天性的发展，虽然夸美纽斯等人也对教育与儿童之间的关系进行了阐释，但是还未真正将教育与儿童的天性发展相结合，而卢梭则是将天性的发展作为教育的原点。其二，自然教育应回到儿童本身，而不是其他人，反对成人对儿童的过多干预，应当取缔成人根据自身的认识而对儿童教育的过多干预和控制，应当让儿童回到自然的状态下接受教育。其三，自然教育应当遵循自然的法则和儿童自身的身心发展规律，既是遵循自然法则和身心发展规律，就应该根据年龄特征和身心发展特征在适合的阶段开展适合的教育，切不可超前教育或延后教育。其四，自然教育是自由教育，小原国芳（Obara Kuniyoshi）指出，卢梭的"自由的含义就是自然"[1]，旨在使儿童身心率性地发展，保持自然的状态[2]。

卢梭对自然教育的阐释，丰富了自然教育的内涵，为自然教育的发展注入了新的血液，使得自然教育真正进入以儿童为主体的新阶段。他所说的"自然教育"是指教育要遵从儿童的本性，发展人的本性。但是他未给自然教育下一个明确的定义，许多学者对卢梭的自然教育思想都进行了较为深入的探索，并且对他的思想进行了总结。例如，袁去病认为自然教育是按照儿童的天性，挖掘儿童的潜质，在儿童阶段培养孩子的综合能力均衡发展的完整方案。

根据上述文献资料分析，多位学者都阐明了一个观点：儿童的身心发展有自然的规律，教育应该顺应儿童自然的天性[3]。因此，这一时期对自然教育的概念可以被总结为：自然教育是以发展儿童的天性为目的，以适应人的生理、心理的自然本能，反对压抑和摧残儿童天性的教育[4]。

（2）20世纪后社会进入工业化时代的"自然教育"。

进入20世纪后，由于社会背景发生变化，人们对这个时期的"自然教育"有不同的论述，根据对文献资料的整理，本书选取了学界较为认可的一些观点。

①从商品经济学的角度出发，有学者认为"自然教育"是一种综合了环境教育、环

---

[1] 小原国芳. 小原国芳教育论著选[M]. 由其民，等译. 北京：人民教育出版社，1993.
[2] 刘黎明. 论卢梭对"自然教育"的理论诠释及其启示[J]. 荆楚理工学院学报，2011，26（1）：67-72.
[3] 王春燕. 自然主义教育理论及其思考[J]. 教育理论与实践，2001（9）：58-61.
[4] 张德珍. 儿童到底需要什么样的教育——由卢梭的自然教育思想引发的思考[J]. 当代教育理论与实践，2011，3（11）：1-3.

境解说、自然保育、社区发展、景观规划、市场营销、企业管理等诸多方面的特殊学习型服务产品①。

②对"自然教育"的定义应回归到教育,认为"自然教育"终归是一种教育行为——在自然的场域中,让参与者通过对自然界事物的感知与学习,与自然建立联系,学会与自然和谐相处的教育行为。

③自然教育是在自然中体验关于自然的事物、现象及过程的认知,目的是认识、了解、尊重自然,从而形成爱护、保护自然的意识形态②。

④联合国教科文组织社会学习和可持续发展主席阿尔杨·瓦尔斯(Arjen Wals)在"第二届自然教育论坛"上指出,自然教育是帮助人们理解自然、学习自然、建立人与自然的联系,从而实现人与自然和谐相处的教育过程;自然教育应面向全体民众,重点培养青少年的自然观,引导青少年用具体的行为呵护自然③。

⑤自然教育是以自然环境为背景,用科学的方法,挖掘人类的天性,以自然为主要学习内容的全民教育和终身教育④。

⑥全国自然教育论坛在2015年自然教育行业报告中指出,自然教育是以有吸引力的方式,在自然中体验学习关于自然的知识和经验,建立与自然的联结,尊重生命,建立生态的世界观,遵照自然规律行事,以期实现人与自然的和谐发展。

现有关于"自然教育"的概念,涉及多个学科、多个领域,或是多个学科的交叉融合,即使是同一学科,也有仁者见仁,智者见智的分歧。关于自然教育的概念,还需要回归到教育上来。综合学者们的观点,本书认为自然教育需要在自然环境中开展,在自然环境中通过课程、游戏等方式学习自然知识、体验自然趣味、建立自然联结,最后培养热爱自然、尊重自然的情感,以期在全社会形成人与自然和谐相处。

2. 自然教育的目标

自然教育的目标对理解自然教育有重要的指导作用,本小节论述的自然教育的目标主要是关于20世纪后的自然教育。目前关于自然教育的目标,学者们有不同的看法。主要有以下几种观点。

(1)第一届全国自然教育论坛在定义"自然教育"的过程中,归纳了自然教育的三个目标:一是促进儿童的身心健康发展;二是促进自然和人类的可持续发展;三是为了

---

① 郑芸,徐小飞.自然教育的概念厘清及比较[J].教育现代化,2019,6(50):65-67.
② 张亚琼,曹盼,黄燕,周晨.自然教育研究进展[J].林业调查规划,2020,45(4):174-178+183.
③ 姜诚.自然教育也是公众参与教育——访联合国教科文组织社会学习和可持续发展主席阿尔杨·瓦尔斯[J].环境教育,2015(12):80-81.
④ 杜家烨.自媒体视域下的自然教育实践[D].杭州:浙江农林大学,2018.

公民积极参与自然环境的保护和建设①。

（2）自然教育的目标是希望人们通过自然教育，能够获得关于自然教育的知识，理解人与自然的紧密关系，提高自身的环境素养②。

（3）自然教育就是让每个人形成敬畏自然的态度，获得保护环境的知识和技能③。

（4）自然教育的目的是认识自然、了解自然，最终达到与自然为友，在宁静的时光里探索内在智慧及喜悦的境界④。

（5）自然教育的目标是促使人们抛开"自我主义"，建立对待他们、社会和自然的新行为模式⑤。

（6）有的学者认为自然教育的终极目标是"天人合一，民胞物与"，意思是指通过自然教育实现爱人和一切物类。陈梁基于生态伦理角度，认为自然教育（特别是儿童的自然教育）是兼顾儿童与自然双方的生存与发展需求，在和谐、统一的关系前提下，通过大自然来挖掘和守卫儿童的自然天性，同时为自然的可持续发展提供未来可能性的一种活动。如果将自然教育与环境教育相比较，自然教育的目标除了关注自然环境，还关注人的发展。儿童是自然的一部分，中国的传统文化中也注重人与自然的和谐发展，视人与自然为统一体。仅从物质层面理解自然教育的目标是不够的，还需要深入精神层面理解自然教育的境界，只有实现"天人合一，民胞物与"的终极目标，才可能使儿童真正地爱上自然，保护人类赖以生存的自然环境⑥。

关于自然教育的目标，大部分学者的观点都比较相似，总结起来有两部分：其一是个人发展的目标，即通过自然教育，使人们在认识自然和了解自然的过程中，促进个人的身心发展；其二是情感行为上的目标，即通过自然教育，使人在情感上敬畏自然、热爱自然，从而产生保护自然的行为，促进整个人类社会的发展。

3. 自然教育的特点

自然教育与传统的学校教育有很大的不同，本节从内在层面和外在形式两方面介绍自然教育的特点。

从自然教育内在层面论述自然教育的特点，可以总结为以下三个特点。

（1）自然教育具有情景性。自然教育可以面向任何年龄段的人群，但最主要的受众

---

① 严格.自然教育讲解员培训效果影响因素研究［D］.长沙：中南林业科技大学，2018.
② 陈南，吴婉滢，汤红梅.中国自然教育发展历程之追索［J］.世界环境，2018（5）：72-73.
③ 范恩源，马东元.环境教育与可持续发展［M］.北京：北京理工大学出版社，2004.
④ 闫淑君，曹辉.城市公园的自然教育功能及其实现途径［J］.中国园林，2018，34（5）：48-51.
⑤ 张媛.美国金门国家休闲区的环境教育及其对风景园林行业的启示［J］.中国园林，2012，28（2）：122-124.
⑥ 陈梁.生态伦理视域下的儿童自然教育［J］.现代教育科学，2019（12）：14-20.

群体还是儿童[①]，自然教育的课程需要根据不同年龄段人群的心理发展特点和需求，提前设计好学习目标、学习内容、学习方式，并且完成情境的创设，情境创设的场地一般为自然环境，这种自然环境既可以是天然的森林、草地、湿地，也可以是半人工的绿地、公园、植物园等。

总之，这种自然环境应是能为自然教育课程的开展提供丰富资源的地方，这些资源包括树叶、树枝、花朵、小草、苔藓、小昆虫、小石头、水、阳光等。要想利用这些大自然提供的资源，需要精心设计、创设主题与情境，带领参与者们通过自然活动去感知自然事物，例如闻花香、观奇石、寻树叶、听虫鸣等，这些自然活动并不是杂乱无章的，也不是胡乱编造的，而是需要包含一定的程序设计，一环扣一环，层层递进，渐入佳境。因此，只有具备情景性的自然教育课程活动才能很好地调动参与者融入课程活动，实现真正的深度融合。

（2）自然教育具有过程性。自然教育也同其他教育一样，是促进参与者整个生命成长的过程。自然教育不仅能使参与者收获自然知识，同时也是使参与者自身的经历和内心的世界发生融合的过程，这个过程的实现不能仅依靠导师照本宣科式的教学，还需要参与者主动地参与体验，感知自然界万物变化，最后完成获得知识、升华情感、提升意志和外化行为的过程。这个过程的实现依靠他人的帮助是远远不够的，参与者个体发自内心的主动参与、主动体验和主动学习是极为重要的，学习的过程需要从被动的接受转为主动的参与。

自然教育是参与者参与、学习、理解和完成内化的过程。儿童只通过表层的学习是不够的，需要将个体与自然界联系起来，与自然界建立联系，将个体的经历、情感等各方面都融入其中，方可真正地获得和理解自然教育带来的知识和精神，方可获得知识和情感上的提升。

（3）自然教育具有行动性。自然教育的一大特点就是需要参与者行动起来，参与活动，而不是仅仅坐在教室里听课。自然教育的课程活动设计包含具体的实操性任务，需要参与者对各类任务活动进行观察、探究和思考，有些任务还需要进行手工创作。特别是年龄比较小的参与者，在参与自然教育课程时，导师关于知识类的讲解环节占比较少，更多的是动手参与的环节，比如五感的运用，需要孩子们去触摸、去观察、去闻、去听等。如果自然教育的形式只停留在教室上的说教和听讲，那和目前传统的学校教育方式无异。只靠单纯的说教难以实现自然教育的目标，自然教育以自然界中的丰富资源

---

① 儿童：联合国《儿童权利公约》中规定儿童系18岁以下的任何人。——作者注

为教具,必须使参与者真切地感受自然事物,主动地参与才能获得发自内心的感悟。个体经历的事物越多,在自然环境中的体验越丰富,就越能产生对自然的依恋,因此,只有行动,才能得到真正的成长。

从外在形式的活动地点、活动素材、活动形式上,可以将自然教育的特点总结为以下三个方面。

(1)课程活动地点以室外自然环境为主。这与学校教育中以室内为主要课程活动地点的方式形成鲜明的对比。随着城市化和智能化的发展,现在的人们逐渐被"电子产品化",儿童也不例外,电子产品充斥着儿童的日常生活,大多数儿童对电子产品产生了依赖,加上父母繁忙、无暇照顾以及城市绿地减少等缘故,儿童与大自然的接触日渐减少。因此,自然教育旨在通过课程学习的方式,引导人们走进自然。自然教育课程活动的地点以室外的自然环境为主,这些"室外的自然环境"最好是森林、林地、草地、湿地等充满自然元素的场所,而不是缺少生命颜色的钢筋混凝土的封闭环境。室外的自然环境能够"帮助儿童平衡好虚拟世界和真实世界之间的关系,使儿童成为拥有自然属性的地球村村民"[1]。不受限制、自然元素多样且生物多样的自然环境能为自然教育课程的开展提供更多的素材和灵感,参与者(特别是儿童)在这样的自然环境中学习能增进他们的独立性、自信心和积极性。我们所追求的自然环境对参与者来说,最好是在保障人身安全的情况下有一些冒险性,这样才能激发参与者潜在的探索能力。参与者在无拘无束的自然环境中活动可以释放天性,敞开心扉,专注自然环境中的各种事物,减少焦躁、易怒和暴力等问题。户外活动也能激发参与者的运动细胞,减少肥胖等问题。

(2)课程活动的素材以自然中的事物为主。自然是一种实然的存在,自然事物与自然界都是自然教育开展的基本条件,著名的教育学家陈鹤琴先生在论述"活教育"的观点中,就明确提出要以大自然为教学内容,他认为"大自然、大社会才是活的书、直接的书"[2]。自然教育导师需要根据当地自然环境中的自然事物来制订课程,对于参与自然教育的主体——儿童来说,自然是极具价值的教育资源。自然教育以自然环境中的事物为课程载体,森林中的树叶、树枝、落花、小石头都可以成为课程活动的素材,自然教育导师可以根据环境现有的素材,设计相关主题的课程活动,带领参与者去了解自然中的事物,越丰富的自然事物越有利于自然教育活动,参与者们可以观察、对比、学习各种各样的自然事物,这也是为什么自然教育活动最好在那些自然元素丰富的环境下开展。用自然事物作为课程素材是自然教育的一大特点,自然是参与者"最初获得具体知

---

[1] 李生兰.美国学前教育机构崇尚自然的教育及启示[J].比较教育研究,2017,39(10):97-105.
[2] 唐淑.学前教育史[M].北京:人民教育出版社,2009.

识的源泉，而且是终生难忘的快乐感受的源泉"①，以自然中的实物为教学素材，更具有真实性和体验性，儿童能够通过视觉、味觉、触觉、嗅觉、听觉与自然事物互动，通过观察、认识和利用自然素材加深对自然环境的理解，培养他们对自然环境的关爱和保护意识。

（3）课程活动形式以体验为主。自然教育活动虽然涉及自然界中方方面面的知识，例如以"花朵"为主题的课程中，就会涉及植物传粉、花朵颜色、花朵构造等知识。但是无论对于参与课程活动的儿童还是成人来说，自然科学知识的学习是次要的，因为这些知识的传授大都可以在传统课堂中进行，自然教育更看重的，是使参与者通过课程活动的体验与创造而融入自然环境，专注自然之物，发掘自然之美，感受自然之博大。自然教育要让教学回归自然，也就是说让参与者在自然中去亲身体验和直接感知，让参与者去观察、触摸，去尝试着发现一些新鲜的事物。传授知识只能让参与者认识自然，而直接的感官体验才能使他们真正地了解自然、融入自然。通过体验，才能在学习自然知识的基础上感悟自然事物，这种由内而外的感悟需要个体通过体验完成②。这与传统的学校教育相异，该教育方式不是简单枯燥的说教，而是采用有趣好玩的方式引导参与者融入自然环境、体验自然，让参与者真正地回到"最初的家园"，释放天性，敞开心扉。

三、自然教育与环境教育的关系

很多国家在发展自然教育的过程中，都认为自然教育与环境教育难以分割。在美国，自然教育是环境教育的前身之一。日本一开始使用的是"环境教育"，随着环境教育的发展，便不断扩充环境教育的理念。还有许多国家使用的是"森林教育""森林体验教育"等。虽然自然教育与环境教育的关系非同一般，难以孤立地进行讨论，但自然教育与环境教育在背景、价值取向以及目标方面均有差异，在论述自然教育与环境教育时，仍然需要对两者进行区分。

1. 背景差异

环境教育的出现，是现实环境发生危机后倒逼的结果。随着工业化和城市化的迅速发展，加之科学技术手段在生活和生产中的应用，人类的活动加大了对自然环境的破坏，使得环境污染问题的频繁出现。环境污染问题不仅对自然环境中的动植物产生威胁，还会对人类的长远发展产生威胁。于是，人类开始思考自身的行为对环境社会的影响，有意识地关注环境问题，积极寻求解决环境问题的方法。人们认为，改变人类的活

---

① C A 维列金尼科娃.学前儿童认识自然[M].丁酉成，译.重庆：重庆出版社，1983.
② 陈梁.生态伦理视域下的儿童自然教育[J].现代教育科学，2019（12）：14-20.

动需要从环境教育开始，借助环境教育的方式培育人类对自然的自觉道德关怀，培养环境道德，从而在根本上解决生态危机，促进人与自然环境的和谐发展①。

环境教育发展的背景十分清晰，虽然与自然教育产生的背景相似，但是相比之下，自然教育的产生更多是源于人类对现状的自省。自然教育在我国掀起浪潮，是因为"自然缺失症"这一名词的传入，美国作家理查德·洛夫在其著作《林间最后的小孩——拯救自然缺失症儿童》中提到"自然缺失症"这一名词，用以形容儿童由于远离大自然而产生的心理以及行为上的各种问题。他还提到"生于1946~1964年的美国人——可能是最后一代将土地、河流视为精神家园的一代人……对于年轻一代来说，他们与农庄之间家族和文化的联系正在消失"。理查德·洛夫旨在指出生活环境的变化使得孩子们与自然环境隔离，从而会产生"自然缺失症"。这是对城市化发展中儿童教育问题现状的反思和批判，正是这样的背景，迫使自然教育以新的身份回到我们的视野，通过自然教育，引导儿童走进自然、感知自然和了解自然，使儿童的身心得到健康的成长②。

2. 价值取向差异

关于"环境教育"的概念，学者们众说纷纭，1970年美国《联邦环境教育法》中对"环境教育"的定义为，"理解人类与周围的自然环境和人为环境之间的关系的教育过程，这种关系包括人口、污染、资源的分配和枯竭、自然保护、运输、技术、都市和乡村的开发计划对人类环境的影响。"③也有学者指出环境教育是通过培养受教育者的环境意识，使受教育者理解人与生态环境的密切关系，树立起正确的环境价值观、生态价值观，并获得解决生态环境问题、化解生态危机的知识和技能的跨学科的教育活动④。综合各种观点，我们可以得知，环境教育旨在通过环境知识的教育，使人们意识到目前已经十分严峻的环境问题，从而推动人们从自身做起，从学习环境知识到开展保护行动，去爱护、去保护我们的环境，为人类的健康幸福生活做出改变。

美国的多名学者在力求重新定义"环境教育"的过程中，归纳了五个环境教育的核心结果，一是与环境相关的行为，二是生物物理环境中的持续体验，三是环境健康，四是改进人类或自然体验中的社会和文化方面，五是学习必要的技能⑤。如果就环境教育的内容而言，包括环境科学教育、环境法规教育和环境道德教育。环境科学教育和环境

---

① 郭紫薇，郭辉.环境教育的缘起、内涵及实践性[J].南京林业大学学报（人文社会科学版），2018，18（1）：105-111.
② 郑芸，徐小飞.自然教育的概念厘清及比较[J].教育现代化，2019，6（50）：65-67.
③ 马桂新.环境教育学：第2版[M].北京：科学出版社，2007.
④ 廖小平，孙欢.环境教育的国际经验与中国现实[J].湘潭大学学报（哲学社会科学版），2012，36（2）：156-161.
⑤ 陈南，吴婉滢，汤红梅.中国自然教育发展历程之追索[J].世界环境，2018（5）：72-73.

法规教育主要通过普及环境科学知识和环境法规知识，增强人们对环境的认知；环境道德教育旨在培养人们正确的环境价值观，提高人们保护环境的自觉性[①]。从以上的环境教育的核心成果以及内容，我们可得知环境教育强调的是人与环境的关系，希望通过环境教育，改变人的生产生活方式，从而改进环境卫生，促进人类在可持续的状况下的健康发展。

自然教育则不同，自然教育更强调人的发展，强调人通过自然教育，在身心发展方面有更好的提升，能够发自内心地热爱自然和身边的人，追求从内心深处提升一个人的综合水平。例如奈特（Knight）提出的，森林学校（自然教育的实施机构）最重要的是培养孩子的七个方面，分别是自信心、社交技能、语言表达和交流能力、积极性和专注力、体育技能、知识面和理解能力、新的视角看待问题[②]。因此，自然教育相较于环境教育，首先关注的是人自身的发展；其次通过人内在的修养和道德，去化解人类面临的城市化和工业化带来的自然问题。

3. 目标差异

自然教育与环境教育的目标有所差异，环境教育开展的背景是人类因环境问题的变化而产生惶恐不安等情绪，寄希望于通过环境教育使人们意识到保护环境的重要性，使人们形成适当的环境意识和行为。

最早为"环境教育的目标"做出定义的是美国密歇根大学的威廉姆（William）教授，他指出，"环境教育的目标是培养这样的一种人民，他们拥有关于生物自然界知识，了解与之相关联的问题，知道如何帮助解决问题，并具有投身问题解决的动机"；他还指出，环境教育的目标更偏重知识和技能的掌握，注重实用性[③]。在1977年召开的第比利斯政府间环境教育会议对"环境教育的目标"展开了讨论，会议相关文件指出，"环境教育的一个基本目标是要使个人和社团理解自然环境与人工环境的复杂性——造成这种复杂性的原因是人类的生物活动、物理活动、社会活动、经济活动和文化活动各方面的交互作用，使他们获得知识、价值信念、态度和实用技能，以便能以一种负责和有效的方式参与环境问题的认识和解决，管理环境质量"。

贝尔格莱德会议将"环境教育的目标"概括为：意识、知识、态度、技能、评价能力和参与。其中，"意识"是指人们需要获得对整个环境及其有关问题的意识和敏感；"知识"是指获得对待环境问题及其相关问题的各种经验和基本理解；"态度"是指人们

---

① 曾建平. 寻归绿色——环境道德教育[M]. 北京：人民出版社，2004.
② KNIGHT S. Forest schools and outdoor learning in the early years[J]. Asia Pacific Journal of Social Work, 2009, 1（1）：26-47.
③ 王燕津. "环境教育"概念演进的探寻与透析[J]. 比较教育研究，2003（1）：18-22.

需要获得一系列有关环境的价值观和态度;"技能"是指获得认识和解决环境问题所需要的技能;"参与"是指积极参与解决环境问题①。

与自然教育相比,环境教育带有鲜明的实用主义价值倾向,环境教育希望人们关注社会经济、文化、政治等方面的相互依存性,希望人们通过环境教育获取保护和改善环境所需要的知识、价值观、态度等。自然教育则更多地关注儿童与自然之间的联结,目标是通过自然教育使参与者认识自然、了解自然,与自然产生交互,获得启发,最终与自然为友。我们今天所说的"自然教育"既希望人们能通过与自然接触,促进自身的健康成长,又希望人们能够通过了解自然,产生敬畏和爱护自然的情感,从而上升到产生爱护自然的行为。

四、国内自然教育实践与发展

1926年我国出现了第一家自然教育组织,自此拉开了中国自然教育发展的序幕。直到2014年,第一届全国自然教育论坛成功举办后,自然教育才迎来井喷式的大发展时期。自然教育作为新兴的行业,与生态文明建设密切相关,受到了国家以及社会各界的广泛关注。本节就自然教育在国内的发展情况,从政策法规、经济和生态环境以及自然教育从业机构和从业者等方面进行梳理。

1. 政策法规

政策法规是行业健康发展的重要保障,自然教育在国内发展以来,国家有关部门颁布了许多利于自然教育发展的政策法规,社会团体也纷纷献计献策。1973年发布的《关于保护和改善环境的若干规定(试行草案)》作为一部环境保护法,着重介绍了环境保护的相关问题,其中就强调了文化宣传部门要积极开展环境科学知识的宣传教育工作,教育部门要在大专院校设置环境保护必修课程或专业,在中小学课程中适当增加环境保护的内容。虽然是以环境保护为目的提及环境保护宣传教育工作,但也引起了人们对自然环境的重视。1979年,《中华人民共和国环境保护法(试行)》首次提出在高校中开展环境教育。同年,中国环境科学学会环境教育委员会成立,环境教育在高等院校中逐渐展开。2014年,生态环境部宣传教育中心(原环境保护部宣传教育中心)启动"国家自然学校能力建设项目",同时还组织编写了《自然学校指南》,为国内自然学校的发展提供参考和帮助②。自党的十八大将"生态文明建设"纳入中国特色社会主义事业总体布局以来,生态文明建设的理念逐渐融入各地发展规划中,因自然教育已成为助力

---

① 徐辉,祝怀新.国际环境教育的理论与实践[M].北京:人民教育出版社,1998.
② 金玉婷,祝真旭.国家自然学校能力建设项目:自然教育的实践与探索[J].世界环境,2016,160(3):62-63.

生态文明建设的重要手段，国家有关部门及地方政府在制定发展战略、环境保护以及生态文明建设等政策法规时，多有涉及自然教育相关的内容。例如2019年中共中央办公厅、国务院办公厅发布的《关于建立以国家公园为主体的自然保护地体系的指导意见》中提出要"在自然保护地控制区内划定适当区域开展生态教育、自然体验、生态旅游等活动"[①]。同年，国家林业和草原局发布《关于充分发挥各类自然保护地社会功能大力开展自然教育工作的通知》，要求"有关部门提高对自然教育工作的认识，加强对自然教育工作的组织领导"，要"打造富有特色的自然教育品牌体系"[②]。该通知针对自然教育的发展提出了许多极具建设性的指导意见，也是我国首个由国家政府机构部署全国自然教育工作的文件，这也使得我国自然教育事业由"民间兴起、自发繁荣"转向"政府引导、社会参与"的发展模式。2021年，中共中央办公厅和国务院办公厅印发了《关于进一步减轻义务教育阶段学生作业负担和校外培训负担的意见》（以下简称意见），意见指出教育要"坚持学生为本、回应关切，遵循教育规律，着眼学生身心健康成长"，"可适当引进非学科类校外培训机构参与课后服务"，可以"开展丰富多彩的科普、文体、艺术、劳动、阅读、兴趣小组及社团活动"[③]，自然教育作为非学科类的活动，对参与对象产生的益处得到了许多专家学者的证实，该意见的颁布无疑为自然教育事业的发展开拓了一片天地。

除了国家有关部门颁布了许多利好的政策法规，各地方的自然教育发展也在如火如荼地进行中。2022年，广东省林业局印发了《广东省自然教育径标识系统建设指引（试行）》，这是我国第一个自然教育径标识系统省级建设指引[④]。河北省林学会印发了《河北省自然教育基地评定办法（试行）》《河北省自然教育导师管理办法（试行）》和《河北省自然教育讲解师管理办法（试行）》[⑤]，这些文件作为民间力量大力推动和规范了自然教育的发展。上海市研究制定了"上海自然教育学校（基地）申报条件"。青海省2021年新增的自然教育示范学校已有25所。四川省也不断强化自然教育基地示范建设，截至2021年已评定的省级自然教育基地有34所。全国绝大多数省份正积极开展自然教育基地建设、

---

① 中共中央办公厅，国务院办公厅.关于建立以国家公园为主体的自然保护地体系的指导意见［EB/OL］.（2019-06-26）［2022-10-23］. http://www.gov.cn/zhengce/2019-06/26/content_5403497.html.
② 国家林业和草原局，国家公园管理局."关于加强自然教育的建议"复文（2021年第2780号）［EB/OL］.（2011-11-22）［2022-10-23］. http://www.forestry.gov.cn/main/4861/20211122/121808340102141.html.
③ 中共中央办公厅，国务院办公厅.关于进一步减轻义务教育阶段学生作业负担和校外培训负担的意见［EB/OL］.（2021-07-24）［2022-10-23］. http://www.gov.cn/zhengce/2021-07/24/content_5627132.html.
④ 广东省林业局.广东省印发全国首个自然教育径标识系统建设指引［EB/OL］.（2022-05-20）［2022-10-25］. http://lyj.gd.gov.cn/news/forestry/content/post_3934758.html.
⑤ 河北省林学会.《河北省自然教育基地评定办法（试行）》等三个文件的通知［EB/OL］（2022-07-22）［2022-11-01］. http://lycy.hebei.gov.cn/article_69571.html?preview=1.

自然教育工作者培训等工作,自然教育在生态文明建设中起到的作用越来越大。

在生态文明建设和"双减"政策释放需求的背景下,作为助力生态文明建设以及促进儿童健康成长的重要途径,自然教育领域的利好政策不断出现,自然教育正迎来大发展的重要时期。

2. 经济和生态环境

经济和生态环境是影响自然教育发展的重要因素。目前,我国已成为世界第二大经济体。《中华人民共和国2021年国民经济和社会发展统计公报》显示,2021年全年国内生产总值达到1 143 670亿元,比上年增长8.1%;全年人均国内生产总值80 976元,比上年增长8.0%;国民总收入较上年也有增长。2017~2021年,居民人均可支配收入逐年增长,2021年人均可支配收入已达35 128元(见图1-1)[①],同时,居民在教育文化娱乐领域的消费价格较上年也有增长(见表1-1),特别是"双减"政策实施后,学生在学科类的培训中支出大大减少,自然教育作为非学科类的素质教育迎来了学生和家长的青睐。

我国在2020~2022年受新冠疫情等多种因素的影响,经济发展相对缓慢,此后则逐步平稳恢复。不断提升的人民生活水平、稳步增长的国内生产总值和总体平稳的经济环境是自然教育蓬勃发展的坚实基础,在经济和政策的双重助力下,相信自然教育将会迎来更大的消费市场。

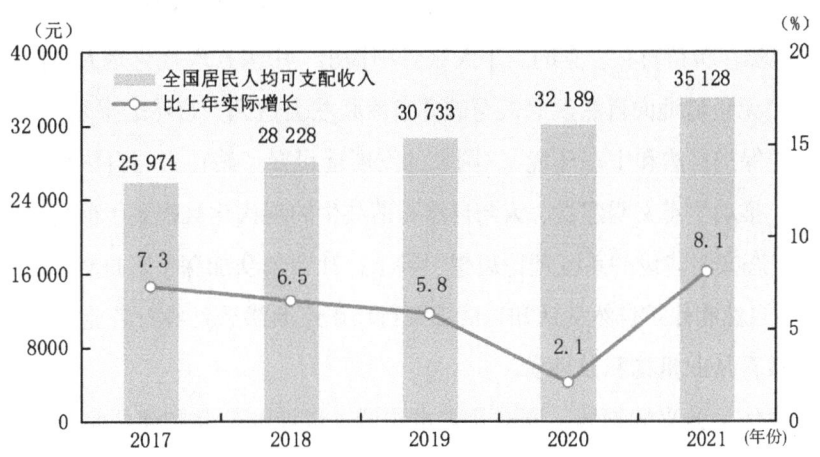

图1-1 2017~2021年全国居民人均可支配收入及其增长速度

资料来源:《中华人民共和国2021年国民经济和社会发展统计公报》。

---

① 国家统计局. 中华人民共和国2021年国民经济和社会发展统计公报[EB/OL].(2022-02-28)[2022-10-23]. http://www.stats.gov.cn/xxgk/sjfb/zxfb2020/202202/t20220228_1827971.html.

表 1-1　2021 年居民消费价格涨跌幅度

单位：%

指标	全国	城市	农村
居民消费价格	0.9	1.0	0.7
食品烟酒	-0.3	0.0	-1.2
衣着	0.3	0.3	0.0
居住	0.8	0.8	1.1
生活用品及服务	0.4	0.4	0.4
交通通信	4.1	4.2	3.9
教育文化娱乐	1.9	2.0	1.7
医疗保健	0.4	0.3	0.7
其他用品及服务	-1.3	-1.4	-1.2

资料来源：《中华人民共和国 2021 年国民经济和社会发展统计公报》。

另一方面，全球生态环境问题凸显，公众生态环境保护意识不断加强，人们越来越认同自然教育能增进参与者对自然的理解，能培养参与者对自然界的友好情感，能丰富参与者的成长经历和培养良好的能力素质的理念。自工业革命开始，特别是 20 世纪 50 年代西方发达国家在第二次世界大战后进入的建设时期，大发展大建设过程中忽视了环境和资源保护的问题，使全球变暖、气候异常、物种灭绝、森林面积急剧减少等生态环境问题日益凸显。威胁人类生存的生态现象使人类思考未来的发展之路，种种自然极端事件警示着人们要尊重自然、善待自然。党的二十大报告中提出"中国式现代化是人与自然和谐共生的现代化"，"无止境地向自然索取甚至破坏自然必然会遭到大自然的报复"，我们要"像保护眼睛一样保护自然和生态环境"，国家的发展建设要"站在人与自然和谐共生的高度谋划发展"[①]，推动生态文明建设、人与自然和谐共生的现代化被提到了前所未有的战略高度。在国家生态文明建设的系统理论思想引导下，社会公众加深了对自然环境的了解，认识自然、尊重自然和保护自然从认知、情感到行动正逐渐渗透到各行各业和千家万户中。

3. 自然教育从业机构和从业者

自然教育作为新兴的领域，既涉及学术领域，也涉及公益和商业领域，本节将开展自然教育活动的组织或事业单位均统称为机构。从业机构和从业者的数量变化是自然教育行业发展状况的直观体现。21 世纪初，一些事业单位、公益组织和社会机构，引入

---

① 习近平. 高举中国特色社会主义伟大旗帜　为全面建设社会主义现代化国家而团结奋斗——在中国共产党第二十次全国代表大会上的报告［EB/OL］.（2022-10-25）［2022-12-01］. http：//www. gov. cn/xinwen/2022-10/25/content_5721685. html.

国外教育理念和管理经验，开始探索自然教育的发展之路。世界自然基金会（WWF）、世界自然保护联盟（IUCN）、自然之友、阿里巴巴公益基金会、根与芽、地球村等组织在各地开展了大量各具特色的自然教育项目[1]。自此，自然教育机构如雨后春笋般发展起来，其间曾受到公众认可度低、市场不稳定等多种因素的影响而发展低迷，但总体发展依然可观。在我国，自然教育机构没有统一的法定登记注册制度，也没有官方的精准统计，因此2021年中国自然教育发展报告通过两个维度，借助天眼查进行调研，并集合历年行业研究的相关指标平均水平，粗略计算出目前自然教育机构有4000至20 000家。2014年，中国第一家自然学校——华侨城湿地自然学校挂牌，此后，自然教育机构便实现了跳跃式的发展，2021年的发展情况与2013年相比涨幅达300%，而近5年成立的机构占比51%[2]。这些自然教育机构的构成表现出多元化特征，以营利性的商业注册为主，公益性较强的政府部门和事业单位为辅。虽然从业机构的数量不断增加，但其发展过程并非一帆风顺。由于绝大多数机构的课程内容同质化高，活动方式单一，2021年近七成的自然教育机构客户留存率低于40%，客户流动率较大。除此之外，2019年的新冠疫情对行业的发展影响较大，2020年机构破产率达到了4.7%，几乎是历年机构破产率的两倍[3]，2021年机构亏损占比较高。自2022年12月疫情防控"新十条"颁布后，其带来的影响正逐渐减少，自然教育市场又迎来了春天。总体而言，机构数量增长明显，分布的地理区域较广，发展过程受内外环境共同影响，机遇与挑战并存。

  自然教育从业者是保障课程质量的重要因素，根据近5年的行业调研，估算自然教育从业者的数量在5万至30万。我国对自然教育机构的经营者并未像英国的森林学校那样，做出特殊的经营资格要求，对从业者（例如自然教育导师）也没有强制要求接受某些培训或取得哪些资格证书方可开展工作。虽然没有国家法定的从业要求，但是许多组织（例如中国林学会）开设了许多相关的培训课程，以帮助那些想要从事自然教育工作的人更深入地了解该领域的工作。根据《2021年中国自然教育发展报告》，自然教育从业者的年龄主要集中在40岁以下，涉及的学科主要集中在管理学、教育学、农学和设计艺术等，虽然从业人员数量多，但是有10年及以上从业经验的人员占比不足5%，大部分从业者的年限集中在3年以内，人才流动率较大。绝大多数从业者进入该领域的动机是热爱自然和教育事业，但薪酬待遇偏低和未来发展空间狭窄成了人员流动的重要因素。目前，许多机构缺乏规范有序的管理体系，经营资金不足是共存的问题之一，能投

---

[1] 林昆仑，雍怡.自然教育的起源、概念与实践［J］.世界林业研究，2022，35（2）：8-14.
[2] 中国林学会.2021年中国自然教育发展报告［R］.北京：全国自然教育网络，2021.
[3] 中国林学会.2020年中国自然教育发展报告［R］.北京：全国自然教育网络，2020.

入大量资金和人才开发优质课程的机构仍是少数,后备人才资源不足已经成为限制本行业发展的共识,自然教育的未来前途光明,但"道阻且长",需要社会各界的共同努力。

五、自然教育的主体与客体

1. 自然教育的主体

自然教育的构成要素是什么?参与的主体有哪些?主体之间的联系又是什么?关于以上的问题,学术界还没有一个统一的认识。但是通过前面章节对自然教育的论述,我们可以对涉及自然教育活动的对象进行分析,归纳出自然教育的主体。自然教育涉及的对象包括参与活动的学习者、导师,以及自然环境等,同传统的教育相比,自然教育更加强调过程与体验,不规定每次活动必须学会哪些知识,而是通过自然课程将知识融入活动中,将参与者的经历与自然环境相结合。自然教育不是灌输式的教育,也不是以导师为主导,在自然教育中,教师更多的称呼是导师,旨在更重视指导和引导参与者融入自然、感受自然,而非将课程活动的重点放在"教会些什么知识"。

自然教育参与的人员比较多,包括活动的参与者(以儿童为主)、自然教育导师,以及家长等。最初自然教育的兴起,就是因为社会背景的变化导致许多儿童缺少与大自然的交流,渐渐患上"自然缺失症",所以作为主体的应当是活动的参与者,他们是自然教育活动实施的主要对象,活动的参与者在自然教育中的定位影响实施效果。其他人员的参与,我们可以将其定位为"为了参与者的活动"而加入的人员。将参与者定位为自然教育的主体,就应该将参与者作为整个自然教育的主角来看待,既要认识到他们存在的共性,也要认识到每一个参与者都是一个独立的个体,他们有着自己的兴趣和爱好,有着各不相同的成长经历。因此,自然教育活动在实施过程中应当充分认识主体的特征,课程活动应密切围绕参与者,给予他们充分的自由,让他们能够给在自然中释放天性。同时,自然教育课程还应该留有充足的自由探索和实践环节,只有让参与者通过亲身的探索和体验,才能激起其对自然的热爱和敬畏,才能加深对自然的认识。

2. 自然教育的客体

自然教育活动与传统的教学活动有所差异,课程活动的主要场所并不在钢筋水泥的教室中,当然这并不是完全排斥室内场地,但以室内场地作为主要的教育场地无论如何都难以实现自然教育的目标。本书所论述的"自然"主要是指"自然界"和"自然环境"。因此,自然教育活动的场所绝大部分要在户外的森林、湿地、草地、林地等自然环境中进行。由于城市化进程的加快,所以在许多大城市中,我们难以见到原始风貌的自然环境,如果严格限制"原始"的才是"自然",多少有些不切实际,没有人类痕迹的原始自然环境已经少之又少了。因此今天我们讨论的自然环境可以是原始自然环境，也可以是后期人工建造的、拥有自然元素的自然环境。在本书中，我们将"自然环境"定位为自然教育的客体，是合乎现实的，只有借助自然环境，我们才能顺利地开展自然教育活动。

自然环境是人们周围各种自然因素的总和，自然教育活动对场地的要求比较严苛，但有一个原则，就是必须在一个有充足自然元素的环境中开展活动[①]。自然教育活动需要参与者深入地体验和参与课程活动，需要参与者观察、触摸、探索、创作与自然相关的活动，在这过程中，一片落叶、一枝枯枝、一朵鲜花都可以成为课程活动的教具。因此，拥有丰富自然元素的自然环境，不仅能为自然教育导师提供更多的课程素材，为导师的课程设计提供更多的可选方案，还能丰富参与者学习的对象。自然元素丰富的环境，能激发学习者探索自然的积极性，能更有利于自然教育的开展。但是这并不意味着越原始的自然环境就越有利于自然教育，自然教育活动场地的设计需要遵循一定的原则，避免难以预测的风险，以保障参与者的生命安全。

3. 自然教育的中介体

自然教育活动要顺利开展，除了要有自然环境作为课程活动场地，也需要借助自然教育组织的协助，需要自然教育导师的指导，需要有针对性的课程内容，才能使自然教育课程的活动完整。在自然教育中，我们可以将协助自然教育活动开展的组织（例如自然教育学校、自然教育机构、自然教育协会、营地组织或者相关的植物园、动物园等单位）作为中介体。

目前我国的自然教育还未真正走进学校教育的行列，民间的自然教育组织仍然是开展自然教育的主力军。因此，民间组织在整个自然教育发展过程中就起到了非常重要的作用，它们影响着自然教育的发展，推动着自然教育的进步。除此之外，自然教育导师也是不可忽视的部分，大部分的自然教育组织都会培养自然教育导师，课程活动开展得如何，自然教育导师起着重要的作用，处理得当，自然教育的相关课程方可引导儿童真正融入大自然。自然教育的课程并非像传统课程那样注重专业的知识，而是更加注重体验性和参与性，自然教育活动是学生参与、理解，然后内化的过程性学习。同时自然教育具有综合性，涉及多个群体，因此中介体之间需要相互配合才能发挥最大的作用。

---

① 徐凤雏. 重建儿童与自然的联结 [D]. 武汉：华中师范大学，2020.

第二章　自然教育实践形式

一、自然学校

自然学校是自然教育实践形式的一种，环境教育中心、环境学习中心、自然中心、保育中心、生态农场等，都是自然学校的表现形式。关于自然学校的定义，不同学者有不同的看法。

美国青少年自然科学基金会将"自然学校"定义为：一个有组织，且长久性非营利的机构，是以教育、科学研究为主要目的，具备专业工作团队，依照规律性的时间对社会公众开放。自然中心管理自己的土地、当地的动植物及相关设施，积极促进大众对自然和自然过程的了解。针对大众，自然中心经常性实施环境教育计划与活动[1]。

日本学者李妍炎认为，"自然学校"指的是为了加深人与自然、人与人、人与社会的联系，为了促进自然与人类的共生，在专家的指导下，有组织安全地实施自然体验活动，或与地区生活文化相关的地区建立社区发展活动，以及其他有教育性的体验活动的组织[2]。

我国台湾地区学者周儒教授则认为，环境学习中心，是在一片具有环境教育资源特色（无论大小）的土地区域上，整合环境教育专业人力、专业课程方案与适当的环境资源与设施，整体发挥其能量，提供环境教育专业服务给第一线的顾客，如学校学生、一般社会民众，以达成教育、研究、保护、文化游憩等多功能目标的环境教育专业机构[3]。

祝真旭在《日本环境教育基地建设的经验与启示》一文中指出，"环境教育基地"是指拥有环境特色资源的场所，它通过有效的环境管理、丰富的环境知识展览展示及专业人员的解说与教育活动，使公众在环境中学习，并养成对环境负责的行为[4]。

---

[1] 徐凤雏.重建儿童与自然的联结[D].武汉：华中师范大学，2020.
[2] 李妍炎.拥有我们自己的自然学校[M].北京：中国环境出版社，2015.
[3] 周儒.自然是最好的学校：台湾环境教育实践[M].上海：上海科学技术出版社，2013.
[4] 祝真旭.日本环境教育基地建设的经验与启示[J].世界环境，2010（12）.

澳大利亚学者卡斯（Kass）认为，"自然学校模式"是指在传统的学校模式基础上，划分自然教育时间，学习者在自然教育时间内，前往专门的自然学校（多设置于自然场所）学习。自然学校根据不同年龄阶段学习者的认知程度设计系统、体验式的课程，帮助他们更好地通过观察、动手操作等一系列自主的学习方式去认识、理解自然，同时积累多方面的经验[①]。

魏智勇综合不同学者的研究结果，将"自然学校"定义为：在一个具有自然环境教育特色场所的基础上，整合环境教育专业人士，充分利用当地特有的环境资源，开发设计课程方案，通过有效的教学方式，使不同年龄阶段的学习者在环境中体验自然，学习环境知识，探索人与环境相互之间的关系，培养对环境负责任的行为，以实现教育、研究、保育、文化、游憩等多项目标的环境教育专业机构。

对"自然学校"的定义虽各有不同，但其内涵基本相似，是教育者有计划、有组织地对受教育者进行系统的自然教育活动的组织机构。但自然学校不同于传统的学校教育，教学的场所不在课室，而在真实具体的自然情境中，包括森林、公园、农场等地；其目的是让教育对象在真实的自然情境中，接触自然、感悟自然，满足其认知发展需求、技能发展需求和情感发展需求，引领教育对象深刻体会人与自然、人与人、人与社会的联系。在具体的教学中更注重体验性、趣味性和实践性。

关于自然学校起源的研究并不多，梳理环境教育及自然教育的发展脉络可知，自然学校是伴随着自然教育与环境教育而发展的。自然学校最早兴起于英美等发达国家，随着政策的推进以及我国台湾地区、香港特别行政区等地成功经验的引入，"在自然中学习"的理念在我国得到了迅速发展[②]。2012年，环境保护部和教育部共同发文推动中小学环境教育社会实践基地建设，由此产生了中国"自然学校"项目的推广；2014年，环境保护部宣传教育中心推出"三个一"模式，即"一间教室、一支环保志愿者教师队伍、一套环保课程"，在全国大力推行自然学校模式。2016年，《自然学校指南》一书的发布，意味着从国家层面推广自然学校进行积极探索和尝试。2019年，20多家学校在全国众多自然教育单位中选拔而出，成为我国首批获得中国林学会授牌的自然教育学校（基地），这些自然教育学校（基地）在自然教育资源、基础设施、专业人员队伍或

---

① KASS D. Educational reform and environmental concern: a history of school nature study in Australia[M]. London：Routledge,Taylor & Francis Group，2018.

② 魏智勇. 自然学校评估的价值取向与指标体系的构建［J］. 内蒙古师范大学学报（教育科学版），2016，29（4）：17-20.

自然教育实践等方面各有独到之处[①]。

二、森林学校

"森林学校"是指在真实的森林环境中，为儿童或青少年提供亲身体验的机会，以此来培养其自信心和自尊心的一种户外学习过程和实践[②]。森林学校最初起源于北欧的丹麦、瑞典和挪威，早在20世纪50年代，丹麦就开展了类似森林学校的户外活动。20世纪90年代中期，丹麦森林幼儿园办学模式传入英国。随后，英国和德国借鉴丹麦森林幼儿园的做法，分别在各自国家成立了第一所森林幼儿园，并逐渐扩大发展规模。此后，森林学校在英国、美国、德国和日本得到迅速发展。随着自然教育与环境教育的观念日益受到人们的重视，我国的森林学校教育也逐渐发展起来。

在英国，森林学校更是遍地开花，已发展为极具代表性的教育案例，其发展水平和运行方式受到了教育者的广泛关注。在2002年第一次全英森林学校会议上，确定了"森林学校"的含义，即"基于在当地森林环境中的亲身体验，为儿童、青少年和成人提供定期学习的机会，为他们建立并发展自信和自尊"。除此之外，本次大会还对森林学校做了其他的一些规定：

（1）森林学校需由合格的3级从业者经营；

（2）在森林学校是一个长期的过程，要经常与当地的森林环境接触；

（3）遵循以儿童为中心的教学，儿童学习并管理风险；

（4）拥有高的师生比；

（5）重视对学习者的观察；

（6）关心自然界[③]。

英国森林学校的蓬勃发展，很大程度得益于出色的管理和运营。英国的森林学校在制度、管理模式以及师资培训等方面具有较强的借鉴意义。

首先是制度的完善。为了保障儿童的各项权益，英国相继颁布了多项法律法规。其中除了许多基础性的教育法律法规，还有一些专门针对儿童教育的引领性法律法规。例如，在1989年颁布的《儿童法》（Children Act）中，该法对儿童权利、儿童福

---

① 国家林业和草原管理局. 首批20个自然教育学校（基地）获授牌［EB/OL］.（2019-04-16）［2022-10-23］. http：//www. gov. cn/xinwen/2019-04/16/content_5383221. html.

② O'BRIEN L .Learning outdoors: the forest school approach［J］.Education，2009.

③ Forest School Association. History of forest school［EB/OL］.［2022-10-01］. https://forestschoolassociation.org/history-of-forest-school/.

利与教育等内容均进行了详细的规定,《儿童法》也是英国最为重要的儿童保护立法[①]。2003年颁布的《每个孩子都重要:为了孩子的变化》(Every Child Matters: Change for Children)提出儿童健康发展的五项指标,包括健康(healthy)、安全的生活(staying safe)、愉悦和取得成绩(enjoying and achieving)、作出积极贡献(making a positive contribution)和获得良好的经济状况(achieving economic well-being),该法还特别强调要改善处境不佳的儿童的教育[②]。为了更好地实现《每个孩子都重要:为了孩子的变化》中的目标,英国政府还发布了《户外学习宣言》(Learning Outside the Classroom),强调户外教育的重要性,呼吁人们推广户外教育[③]。2006年,英国政府还颁发了《课外学习宣言》(The Manifesto for Education Outside the Classroom),以鼓励小学生走出课堂开展课外活动,这也为森林教育的顺利开展提供了制度支持[④]。基于这些基础性和引领性的法律法规,英国的森林学校在一开始就有了"合法化"的烙印,无论是政府、社会组织还是家长,都支持和信任森林学校的发展。

其次是管理模式。英国森林学校的管理模式呈现多样化的特点,其中一部分学校由私人出资建立并管理,一部分则由政府部门建立和管理,还有一部分由非政府间的组织进行管理[⑤]。英国有几个重要的非政府组织,例如森林学校倡议(Forest Education Initiative,FEI)和全国性的森林学校组织(Forest School Association,FSA),绝大部分的森林学校是由FEI倡导并支持运作的[⑥],他们将会对成员单位的管理和教学进行指导。其中,FSA是森林学校的专业机构和"代言人",旨在促进"全民优质的森林学校",为了促进和支持英国优质的森林学校,FSA会通过多种方式方法使所有儿童和成年人都能从自然界高质量和多样化的教育体验中受益,从而促进公共利益教育。FSA还会与获经批准的培训提供者合作,提供FSA认可的森林学校课程和森林学校资格[⑦]。英国的森林学校在管理上能得到许多权威机构的支持和指导,在内部课程安排方面,积极与国家课程衔接,将基础教育目标融入森林教育中,这使得森林学校的管理和运行更加科学化。

---

① 刘智成.英国怎样保护儿童的游戏权[J].辽宁教育,2014(4):88.
② 王璐.每个孩子都重要:英国全面关注处境不利儿童的健康发展[J].比较教育研究,2005(10):23-28.
③ EDUCATIONSKILLS D F. Department for education and skills: learning outside the classroom[J]. Department for Education & Skills,2006.
④ 陈勇,万瑾.森林教育:构成、经验与启示[J].外国教育研究,2013,40(6):53-58.
⑤ 陈纯清,任淮南.英国中小学森林学校教育模式的分析与探讨[J].文教资料,2012(8):130-131.
⑥ 魏艳红,姜薇,刘婷,高健.英国FEI森林学校模式及其对我国幼儿教育的启示[J].教育探索,2009(4):142-143.
⑦ The Forest School Association. What is the forest school association?[EB/OL].[2022-10-02]. https://forestschoolassociation.org/the-forest-school-association/.

最后是师资的培训。随着森林学校在国内的迅速发展，从业者的资质愈加被重视。早在2003年，森林学校导师资格认证就进入了英国政府学历考核认证机构的序列，该机构是英国的职业认证机构，具有较高的权威性[①]。2006年成立的森林学校培训组织（Forest School Training Network）和英国开放大学（Open College Network）提供专门的森林学校培训课程，开展森林学校培训的公司（FSTC）是英国森林学校培训组织的成员，其参与英国森林学校资格的标准化制订，同时还与森林学校组织密切合作。一般情况下，森林学校的培训分为3个级别，其一是入门级别，该级别课程主要学习一些基础性的知识，以帮助学习者了解森林学校。其二是2级的森林学校助理培训，这部分大约有60个小时的课程。其三是3级的领导者培训，FAS规定必须有3级的资格证才能在森林学校中担任领导者职务，该资格证大约需要1年的时间才能获取，在此期间还需要进行6次的实践课程[②]。FAS也有培训的项目，属于FAS组织的森林学校，需要得到FAS组织的认可才能开展培训工作，并且所有FAS认可的森林学校培训师都能提供符合条件的课程。完善的师资培训和严格的从业要求使得森林学校得到了社会公众的认可，也为森林学校的良性有序发展"保驾护航"。

对于英国的森林学校而言，有以下五个特点[③]。

（1）林地环境的利用。严格划定安全的路线和范围让孩子们灵活和自由地学习，林地环境对于那些极少接触自然环境的孩子们来说至关重要。

（2）学习要与国家课程和基础阶段目标相连接。允许这些目标设定在不同的环境中进行，而不只是自然环境。鼓励激发孩子们先天的好奇心和学习的动机，这对于在课堂环境中理解知识困难的孩子来说，是非常重要的。

（3）运用多种感官自由探索。这对于鼓励创造性、多样性和富有想象力的游戏来说非常重要。应注重儿童整个发展阶段并培养他们自己的学习风格，而不仅仅是发展他们的学业能力。

（4）在一段重要的时间内让儿童定期参与。在一年内不管什么样的天气都要进行。定期是指一学期内每周或每两周的一天早上、下午或者一整天。一般是在2月至12月，其他月份也可以。

---

① 黄宇，谢燕妮.自然教育组织合法性行动策略分析——以英国森林学校为例[J].林草政策研究，2022，2（2）：10-20.

② Forest School. Forest school training overview[EB/OL].[2022-10-11]. https://www.forestschooltraining.co.uk/training/.

③ L O'BRIEN, MURRAY R. Forest school and its impacts on young children: case studies in Britain[J]. Urban Forestry & Urban Greening, 2007, 6(4): 249-265.

（5）师生比率高。每期课程约有 12 名儿童参加。高师生比能让导师了解每个儿童的学习风格、能力、个性特征等。

无论是在英国还是在其他国家，森林学校的组成主要包括以下四个方面。

（1）教育的场所：通常在森林或林地中进行，也可以在人工与半人工的自然环境中探索，小到一片绿地，大到一片森林，都可以作为学习的场所。因此，森林教育也被誉为"最灵活有效的户外教育形式"。

（2）教育的对象：主要是各年龄阶段的青少年，以及有学习障碍的、身患疾病的儿童。

（3）教育的目的：让青少年亲近自然，感受自然，增加户外学习的机会，以此来弥补教室内学不到的经验。森林教育以林地或森林为空间环境，为不同年龄阶段的青少年儿童构建了一个自由探索、认知和发展的平台。他们可以在自由、开放的自然环境中学习，内容涉及人文、社会、技术等知识与技能的方方面面，大到各类自然资源在社会中所起作用与所占的地位，以及野生动植物复杂的生态系统等，小到对逐个动植物的基本认知。更重要的是，掌握个人的生存技能。通过森林教育，孩子们的团队协作能力、问题处理能力与抽象概念的学习能力，以及环境意识、创新意识、勇气与自信心都能得到锻炼和提升。

（4）教育的形式：定期对不同年龄阶段的青少年开展的阶段性森林教育和日常性森林教育。日常性森林教育指的是将森林教育的内容融入日常的教学活动中。

三、户外教育组织

关于户外教育的定义有许多，目前学界尚无统一定论。有学者认为，户外教育就是在户外进行的、关于户外的、为了户外的教育，本质上是一种教育活动，它揭示了教育发生的场所、内容和目标。美国国家教育协会（National Education Association）将户外教育定义为所有学校科目知识与技能的结合，由导师运用环境资源帮助学生了解各学科、环境与人之间的相互关系，以协助艺术、科学、社会研究的教学活动[1]。户外教育也被认为是课程的延伸、获取直接经验的方法和手段[2]。其最广泛的意义在于，它是一种专注于户外的教育，发展人类生存、生活所需的知识、技能，培养人健康向上的世界观。

本书综合国内外关于户外教育的定义，对其内涵进行概括：户外教育是在户外情境

---

[1] 严奕峰.国外户外教育的发展及启示［J］.外国中小学教育，2008（1）：43-46.
[2] 朱伟强.户外教育课程研究［J］.当代教育科学，2010（12）：16-18.

中，利用户外资源，借由户外活动的形式来达成教育目的的教育方式。对学习者而言，需要通过感官参与，经由直接、具体的体验来促进学习，了解学科、人及环境的关系，在认知发展的同时，更使情感、态度、信念和价值观得到发展[①]。

户外教育形式很多，美国户外教育委员会（Council on Outdoor Education）将其分为：环境教育，即以环境教育为主题的户外教育；环保教育，是以自然资源的保护为主题的户外教育；户外休闲，是纯粹以休闲娱乐为主的户外活动；户外追寻，即野外从事非器械性的户外游憩活动；冒险教育，是从事户外冒险的活动，如攀岩、徒步旅行、皮划艇、滑雪、探勘洞穴等；体验教育，是以身体体验为基础的活动；营地教育，是以野外营地或专门户外场所的集体活动为主要内容的活动；环境解说，是由国家公园或森林服务中心提供的一种融教育、信息传递、管理为一体的交流服务。

现代户外教育起源于欧洲。19世纪，登山、徒步旅行、滑雪等户外运动逐渐在欧洲兴起，挪威、英国等国家非常重视通过系列户外活动，如露营、徒步旅行、野外生存等实践活动，训练青少年的身体素质、精神和智力。童子军便是这个时期的产物。随着童子军的推广和流行，为青少年提供户外项目成为一种流行趋势。英国拓展训练的兴起更加速了户外学习的流行趋势。19世纪末20世纪初，户外教育逐渐成为国外学校教育的组成部分。在20世纪30年代，户外教育观念开始建立，户外教育的价值被教育界广泛认同。20世纪60年代，美国本土的户外教育机构和学术组织开始建立，美国户外领导力学校（National Outdoor Leadership School，NOLS）、野外教育协会（The Wilderness Education Association，WEA）、体验教育学会（The Association for Experiential Education，AEE）、冒险教育（Project Adventure，PA）等得以创立和发展。20世纪70年代，环境教育和冒险教育成为户外教育实践的新方向；20世纪80年代，各种各样的组织投入到户外教育领域，全球性户外教育联盟应运而生。此后，各式各样的户外教育机构及学术组织如雨后春笋般成立，继续推动户外教育朝着更加多元化的方向发展。

在许多发达国家，户外教育已经成为青少年日常生活的重要组成部分。户外教育在儿童的成长过程中具有极为重要的作用。原因如下。

（1）户外教育能培养学生户外知识与技能，增强其身体素质，为其终身发展打下良好的基础。

（2）户外教育能够帮助学生调节心理状态，预防或治疗心理疾病，促进心理健康。

---

① DONALDSON W G, DONALDSON E L. Outdoor education a definition [J]. Journal of Health, Physical Education, Recreation, 1958, 29（5）.

户外教育可以帮助学生建立与自然的联结，在与自然的互动中，掌握自然知识，树立亲近自然、保护自然的责任意识。

（3）户外教育能够帮助学生培养公民责任感。户外运动通常以团队合作的形式进行，在团队中，成员的角色不同、责任不同。在具体的活动中，学生往往能培养自身的社会交往能力、锻炼规则意识、增强责任感。

（4）户外教育可以开发个人潜能，提高综合能力，增强学生的社会适应能力。户外教育富有挑战性，往往能激发学生克服困难的决心，充分挖掘和释放自身的潜能。同时，户外教育涉及领域较宽，往往需要学生具备多方面的知识与技能，从而锻炼学生的综合能力。

# 第三章 自然教育课程开发

"课程"作为一个被广泛使用的教育学术语,其相关的研究较多。课程,即教学科目,这是其最普遍也是最常识化的定义。广义的"课程"指学生所学的全部学科以及在教师指导下的各种活动的总称。狭义的"课程"是指一门学科或一类课程。钟启泉等人在吸收前人研究结果的基础上,将"课程"定义为:课程是按照一定的教育目的,在教育者有计划、有组织的指导下,受教育者与教育情境相互作用而获得有益于身心发展的全部内容[①]。

"自然教育课程"是一个新兴的概念,目前学界对其尚无明确的定义。魏智勇和李婧认为,自然教育课程一般是指,在具体实施自然教育之前,教育者依据先进的教学理念,结合有特色的自然教育场所,对教学目标的制订、教学内容的选择、教学方法的运用、教学效果的评价等进行的系列规划与安排[②]。自然教育课程归属于课程范畴,具有课程的一般性特征。根据泰勒(Tyler)的课程编制理论,课程包括教学目标、教学内容、教学方法与过程、教学评价四个重要组成部分。结合课程定义及课程组成,本书认为,自然教育课程一般是指在实践自然教育前,教育者有计划、有组织地以自然环境为媒介,对教学目标的制订、教学内容的选择、教学方法的利用、教学效果的评价等进行的系列规划与安排。因此,在进行自然教育课程开发前,一定要厘清课程的构成要素,有序、科学地进行课程开发。

一、自然教育课程开发的原则

自然教育课程的开发是一个系统的研究与发展的过程,是实现自然教育目标的根本途径和有效工具。同时,自然教育课程是保证自然教育有序有效进行的关键,是保证自然教育质量和可持续发展的核心环节,需要教育者提前进行系统的规划和设计。因此,自然教育课程的开发具有十分重要的意义。一般认为,自然教育课程开发应当遵循以下6个原则。

---

① 钟启泉,汪霞,王文静.课程与教学论[M].上海:华东师范大学出版社,2008.
② 魏智勇,李婧.自然教育课程开发的价值及策略[J].世界环境,2018(6):78-80.

1. 系统性原则

自然教育课程体系是一系列经过专业团队规划设计的教育课程集合，经过精心安排的户外教育活动可以帮助学生更好地理解自然环境，并获得与之相关的积极态度和价值观[1]。因此，自然教育课程的设计在内容上、时间上、对象上都要遵循系统性原则。在课程内容的设计上应该按照学科知识的逻辑，系统构建课程框架，反映具有重要性、基础性和典型性的知识系统。在时间维度上，可以以月份、季度、年度为周期设置课程；在课程对象方面，应当充分考虑不同年龄学生的身心发展规律，兼顾学生知识、能力和思想的全面发展，系统设计能满足不同年龄阶段学生的课程。因此，在进行课程设计时，要循序、系统、连贯地进行。

2. 契合性原则

自然教育是"在自然中的教育"，课程的开发需要与所处环境的场地特征和设备条件相契合才能取得更好的教育效果。环境资源及场地设施不同，课程的目标、课程形式、课程内容也会随之改变。例如，植物园和动物园丰富的动植物资源与配套的场馆设施可以开展专业性和知识性更强的生态类户外教学、园艺实践、观测实验等课程活动；森林公园、湿地公园和郊野公园具有丰富的自然资源，便于开展生物、地理、天文课程的户外教学，以及徒步旅行、露营探险、科学考察等自然体验课程[2]。因此，在开发自然教育课程时，要因地制宜，整合场地资源和相关设备设施，合理地设计课程。

3. 多样性原则

自然教育课程开发要遵循多样性原则，这是由自然教育的目标、内容、教育对象、教育形式、教育环境的多样性特点决定。自然教育课程是以自然为媒介开展的，自然环境本身就具有差异性，环境的不同，所设计的课程内容、形式、目标、方式方法必然不同。课程开发还要满足不同年龄阶段课程实施对象的需要，根据其身心发展规律及认知特点，设计多样化的课程。

4. 多学科融合原则

自然教育课程具有多学科融合的特点，这一观点已经被大家广泛接受。自然教育的实施需要通过各学科的教学课程来渗透。自然教育之所以具有跨学科的特点，在于其往往包含复杂的社会因素和交叉知识。自然环境问题的认识和解决需要一系列学科知识的支持。自然教育不仅依赖于科学领域的教育，还应通过整个教育过程来解决，可以渗透

---

[1] DURMUS Y, YAPICIOGLU A E. Kemaliye (Erzincan) ecology based nature education project in participants eyes [J]. Procedia-Socail and Behavioral Sciences, 2015, 197: 1134-1139.

[2] 彭蕾，尹豪. 自然教育课程体系及场地设施需求 [J]. 中国城市林业, 2021, 19 (2): 110-114.

到各个领域的教学和日常生活中。例如，德国幼儿园的自然教育项目较多与户外运动、绘画、音乐结合，在开展自然教育的同时，也强壮了幼儿的体魄，发展了幼儿的语言、绘画和音乐能力。德国中小学所开设的语言、生物、地理、艺术、科学、园艺等课程中无不渗透着自然教育。它是通过加强各学科的融合来开展自然教育的。因此，这就要求在进行自然教育课程设计时，要充分整合不同学科的资源、手段和方法，进行整体的科学设计。

5. 实践性原则

卢卡斯模式（Lucas Model）将自然环境视为一种教育资源、一种延伸的课堂，以较好地促使学生将课堂所学知识运用于具体的探索过程中，以发展技能和意识，让学生真正成为学习的主人[①]。英国国家课程委员会1990年颁布的《课程指南7：环境教育》（*Curriculum Guidance 7: Environmental Education*）中将实地探究作为环境教育的重要策略，并指出："环境教育的重心应放在学生自己的调查上，包括直接体验、实地学习在中小学具有重要作用，它提供机会，使环境成为学习的刺激因素，同时发展学生有关环境的意识与好奇心。"自然教育不是宣讲知识，而是让学生亲自动手实践，突出实践性，它能够促使学生在探究大自然过程中形成强烈的环境意识和正确的环境价值观和态度。为此，实践性原则必须成为自然教育课程设计中应当遵循的重要原则之一。

6. 强调情感教育原则

自然教育是一种感性的教育活动，强调人与自然的情感联结，它重视从受教育者的直接经验和具体经验起步，循序渐进。在进行课程设计时，应该强调"自然中的教育"，将自然本身视为一种有效的教育资源，为学生提供一个较为全面的环境视野，让学生在真实的自然环境中，通过看、听、摸、闻等最直接的方式接触自然，亲身体验、主动探究，从而激发他们心灵深处的那份对自然、对生命的情感，并形成正确的价值观和行为，有助于其树立解决环境问题的责任感。自然教育是一种情感教育，可以教人建立起对自然、对生命的恰当的态度和情感，正确认识人类和自然的关系。培养高尚的、关爱环境的生态情感，是自然教育的最高境界，也是自然教育的根本目的。要实现这一情感目的，在进行课程设计时，教育者要精心策划，带领学生到森林田野中去接触自然、认识自然和探究自然，让学生在与自然接触的过程中，体验惊喜、舒适与爱，逐步建立与自然的情感。

---

① 邹晶. 教育部官员谈环境教育——教育部基础教育司副司长朱慕菊接受本刊专访 [J]. 环境教育, 2002(1): 4-7.

二、自然教育课程开发的支撑

1. 政策支持

党的十八大以来，国家将生态文明建设作为统筹推进"五位一体"总体布局和协调推进"四个全面"战略布局的重要内容，即国家对保护生态环境，促进人与自然和谐相处作出重要指示。建设生态文明，给子孙后代留下天蓝、地绿、水净的美好家园被列为国家战略目标。2013年，环境保护部、教育部联合印发《全国中小学环境教育社会实践基地申报与管理办法（试行）》，每两年将从各省级环境教育基地中遴选出一批全国中小学环境教育社会实践基地。面向中小学生开展环境教育体验和实践活动，提高青少年环境素养，普及生态文明和可持续发展理念。2016年，教育部联合11部门发布《关于推进中小学生研学旅行的意见》，指出各部门应依托自然资源，遴选建设一批安全适宜的中小学生研学旅行基地，有针对性地开发自然类活动课程。2017年，教育部印发《中小学综合实践活动课程指导纲要》，明确指出综合实践活动课程要面向学生完整的生活世界，引导学生从日常学习生活、社会生活或与大自然的接触中提出具有教育意义的活动主题，使学生获得关于自我、社会、自然的真实体验，建立学习与生活的有机联系。2019年4月，《国家林业和草原局关于充分发挥各类自然保护地社会功能大力开展自然教育工作的通知》发布，这是第一个国家政府机构部署全国自然教育的文件，也是服务大众民生的新举措。同月，中国林学会在杭州召开全国自然教育工作会议，应全国300多家自然教育工作机构倡议，成立了全国自然教育总校，打造了服务自然教育机构（基地）、满足自然教育受众需求，特别是青少年群体需求的全国性新平台。2020年，全国关注森林活动组委会印发《全国三亿青少年进森林研学教育活动方案》，提出将加快推动自然教育基础设施建设，打造一批国家青少年自然教育绿色营地，逐步把青少年进森林研学教育活动融入中小学校教育。到2025年，基本建立"全国三亿青少年进森林"研学教育活动体系，绿色营地生态服务功能将充分发挥，全国50%以上青少年将参与森林研学教育活动。从相继发布的政策可见，国家正在大力推动自然教育的发展。自然教育规范化、常态化、专业化、普及化势在必行。

2. 社会需求

随着工业化、城市化进程的加快，人类过度干预自然、开发自然带来的系列环境问题日益加重，人们逐渐意识到环境教育和在自然中开展教育的重要性。同时，城市儿童与自然的割裂日益加剧，由此产生的"自然缺失症"，给儿童生理和心理带来一系列问题，例如抑郁、肥胖、注意力缺陷、佝偻病等，严重影响儿童的身心发展。越来越多的专家学者意识到儿童早期与自然接触的必要性。2014年,首届全国自然教育论坛召开,自然教育被更多的公众关注。随着"自然教育"概念在中国的普及,越来越多的人对自然教育形成了初步的认知,并逐渐增强对自然教育的参与意愿。根据2021年中国林学会发布的《中国自然教育发展报告2021》数据,粗略估计,每年参与自然教育的人次在1 500万至8 000万,本次调查还对参与者进行了调查,受访者普遍认为接触自然很重要,对孩子更重要,并且有55.37%的受访者认为自己比较了解或非常了解自然教育,与2020年的数据相比,公众对自然教育的认识不断加深,对自然教育的需求也不断提高,并且需求在不断加强。自2012年以来,国内自然教育机构及从业人员呈井喷式发展,形成了良好的发展势头,根据《中国自然教育发展报告2021》的统计,自然教育机构的数量为4 000至20 000家,自然教育作为一个朝气蓬勃的行业,在未来,将迸发出强大的生命力。目前,社会上正掀起一股参与自然教育的潮流,这意味着,自然教育逐渐成为一种社会需求或市场需求,作为学校、机构或相关组织必须通过课程满足公众的需求,这势必将推动自然教育课程的落地。

3. 资源支持

自然教育具有特殊的场景性,十分依赖自然环境中特定的资源。要保证自然教育课程的顺利进行,必须有符合自然教育课程属性的资源支持。我国幅员辽阔,自然资源和历史文化资源丰富多样且极具特色,能够充分保障自然教育课程的开展。同时,国家从宏观层面对自然教育所要求的资源进行了统一规划,鼓励森林公园、保护区等为公众提供自然教育场所、设备设施、课程体验的便利条件。据国家林业和草原局的数据,截至2019年,我国国家级的森林公园有897处[①],在2022年又批复了9个国家级森林公园[②]。近年来,国家高度重视生态文明建设,在该理念指导下,森林公园的数量将持续上涨,这将为民众提供更多的机会接近自然、感受自然。截至2019年,共有21个省(区、市)建立了4批次共52所自然学校试点。2020年3月,《广东省林业局关于推进自然教育规范发展的指导意见》(以下简称意见)正式印发。意见指出,到2020年,力争全省建立40个省级自然教育基地;到2023年,力争全省建立100个自然教育基地,每个地级以上市至少建立一个自然教育基地,建设全国自然教育示范省,构建人与自然和谐共生的绿色生态省,建设美丽粤港澳大湾区。截至2021年,在广东省各地的森林公园、保护区、植物园等建有101条各具特色的自然教育径。目前,我国已建立各级各类自然

---

① 国家林业和草原局.我国新增11处国家森林公园[EB/OL].(2019-02-12)[2022-08-09].https://www.gov.cn/xinwen/2019-02/12/content_5364997.htm.

② 国家林业和草原局.关于江苏南通狼山等9个国家级森林公园总体规划的批复[EB/OL](2022-12-02)[2023-01-02].http://www.forestry.gov.cn/lczms/23/20221202/182447551394886.html.

保护地1.18万处，自然教育委员会（自然教育总校）已经审核通过的自然教育学校（基地）有230家，无论是自然教育径、自然保护地还是自然教育学校，其丰富的生态资源、优美的自然景观、丰富的自然教育内容，都是进行自然教育活动的良好场所[①]。

三、自然教育课程基本内容

课程内容是根据课程目标从人类的经验体系中选择出来，并按照一定的逻辑序列组织编排而成的知识体系和经验体系。课程内容可以是间接经验，也可以是直接经验。间接经验即理论化、系统化的书本知识，它是人类认识的基本成果。直接经验则是指与学生现实生活及其需要直接相关的个人知识、技能和体验的总和，如社会经验、学会处理与自然事物关系的知识和经验与技能技巧等。

自然教育课程内容的选择侧重于直接经验，强调在与自然直接的接触中，构建对自我、他人、社会、自然的认知，建立与自然联结。基于自然教育的特点，自然教育课程的基本内容主要包括：自然资源类、历史文化资源类和综合体验类。

1. 自然资源类

自然资源是指自然界中人类可以直接获得用于生产和生活的物质。可分为三类，一是不可更新资源，如各种金属和非金属矿物、化石燃料等，需要经过漫长的地质年代才能形成；二是可更新资源，指生物、水、土地资源等，能在较短时间内再生产出来或循环再现；三是取之不尽的资源，如风力、太阳能等，被利用后不会导致贮存量减少。能满足人类需要的整个自然界都是自然资源，它包括空气、水、土地、森林、草原、野生生物、各种矿物和能源等。自然资源是动态的，能够为人类提供生存、发展和享受的物质与空间。社会的发展和科学技术的进步，需要开发和利用越来越多的自然资源[②]。

在进行自然教育课程内容选择时，要因地制宜，充分利用当地的自然资源，包括地形、地貌、水、空气、土壤、森林、草原、野生生物、各种矿物和能源等。同时，结合地域特色，选择有代表性的内容，突出自然教育课程的本土化特征。

2. 历史文化资源类

历史文化资源主要指前人所创造的文化的凝聚，按是否有实物性形态，又可分为有形历史文化资源和无形历史文化资源，其典型代表是文化遗产。文化遗产按物质形态也可以分为有形文化遗产和无形文化遗产。

有形文化遗产是指已经出土的和尚埋藏在地下的各种文物。可移动的文物包括历

---

① 邵凡, 唐晓岚. 国内外自然教育研究进展[J]. 广东园林, 2021, 43（3）: 8-14.
② 《环境科学大辞典》编委会. 环境科学大辞典: 修订版[M]. 北京: 中国环境科学出版社, 2008.

典籍、艺术品及其他各类器物；不可迁移的历史遗迹包括建筑、壁画、石刻等。

无形文化遗产是指以人为载体，依赖人的声音、形体动作、表演等人的行为而变现的文化形式，如非物质文化遗产、节日、信仰、仪式等。

历史文化资源是社会发展的产物，社会的发展则受自然环境的影响和制约，区域历史文化往往与当地自然环境息息相关，能够间接反映当地的自然环境特点。自然教育不只是关于自然的教育，还应该将人与自然、人与社会、自然与社会有机地统一起来。因此，在进行自然教育课程内容的选择时，应当充分挖掘当地历史文化资源，将自然资源与历史文化资源共同纳入其中。确保自然教育课程具有自然属性、社会属性和文化属性。

3. 综合体验类

综合体验类课程内容强调以学生的经验、社会实际和问题为核心，以主题的形式对课程资源进行整合，目的是有效地培养学生解决问题的能力、探究精神和综合实践能力。在自然教育实践过程中，综合体验类的课程内容主要包括感官类、游戏类、手工制作类、环境观察与考察类、农耕体验类、生态调查类等内容。综合体验的课程内容不是单一学科的内容，而是多学科的融合。在综合体验课程中，学生往往以问题为导向，综合运用多学科知识，系统地发现问题、解决问题。

四、自然教育课程设计流程

自然教育课程设计是一项系统的研究工作，它必须按照一定的程序和步骤，有组织、有计划地进行。除了要有整体的课程思路，还必须了解课程设计的成分。美国课程理论家泰勒将课程设计的成分归纳为四个要素，即课程目标、课程内容、课程组织、课程评价[1]。而国内学者则将认为课程设计的成分主要有课程哲学、课程目标、课程内容、课程组织形式与实施方式、课程评价、课程管理等[2]。

由于自然教育具有跨学科性的特点，涉及整个教育过程，因此自然教育课程的开发具有一定的复杂性，对自然教育课程的开发应当建立在科学分析和研究基础上，首先提出计划，进行系统的课程设计后再确定课程，最后科学合理地实施。课程评价是为课程开发服务的，也是课程开发过程中的一个重要组成部分，它有助于课程开发者调整和修正课程中的不合理之处，从而完善课程。

---

[1] ORNSTEIN A C, HUNKINS F P. Curriculum: foundations, principles, and issues [M]. Boston: Pearson Education, 2004: 236-237.
[2] 黄甫全. 现代课程与教学论学程 [M]. 北京：人民教育出版社，2006：394.

结合课程设计要素及自然教育特点,一般认为,自然教育课程的设计包括以下几个流程:成立课程开发小组、进行课程研究、确定课程目标、选择课程内容、确定课程组织形式与实施方式、进行课程评价和进行课程管理。

1. 成立课程开发小组

课程的开发和设计是一项系统、复杂的工作,需要成立一个专业的课程开发小组。开发小组负责进行课程设计的统筹、实施、协调、监督等工作。小组成员必须有代表性和权威性,包括自然教育专家、课程专家、资深自然教育从业者、导师、内容领域专家、教育心理专家等。明确各成员的工作任务,如由导师及课程专家负责教学目标、课程范围、教材的编写等,自然教育专家、教育心理专家提供专业建议等。

2. 进行课程研究

课程研究,即课程哲学研究。课程哲学是人们关于课程实质、价值、目标、内容、实施方式、评价、管理等课程问题的总体认识和根本看法,是课程观及其方法论的总和。在课程设计过程中,设计者确定了课程哲学,意味着自然教育课程设计的总体思想也确定了,选择诠释和取舍课程目标、内容、组织形式、实施方式、评价与管理的基本范式就确定了,这意味着课程的开发框架也确定了[①]。因此,课程哲学研究是课程设计的基础。自然教育课程研究,包括自然教育与其他学科之间的关系,自然教育目标,课程的组织方式、评价方式等。

3. 确定课程目标。

课程目标对课程设计具有指导和监控作用,其决定了课程的价值取向以及课程所要实现的人才培养的规格与要求。因此,确定课程目标是自然教育课程设计中首要的、基础的工作。自然教育目标的确定应着重考虑三个方面,即学科需要、学生需要和社会需要。从课程目标的构成要素来看,自然教育课程目标主要包括知识与技能、过程与方法、情感态度与价值观三个方面。同时,目标要有层次性,可转化为可供观察和评价的小目标。美国学者亨格福德(Hungerford)等依据第比斯会议提出的环境教育目标[②],建立了一套环境教育课程开发目标,可以将其作为确定自然教育课程目标的参考模板。

(1)第一目标层次:生态学基础层次。

这一层次提供了充分的生态学概念和知识,让学习者能运用它们去发现、分析环境问题及其包含的重要生态学原理,在生态学基础上对问题的解决方法做出取舍。

---

① 司成勇,段兆兵,李尚卫. 小学课程设计与实施[M]. 上海:华东师范大学出版社,2013.

② HUNGERFORD H R, PEYTON R B, WILKE R J. Goals for curriculum development in environmental education[J]. The Journal of Environmental Education, 1980, 11(3): 42-47.

(2)第二目标层次：概念意识层次。

这一层次要发展学习者的环境意识，即分析个人或集体的行为对生活质量与环境质量会产生的影响，从而激发他们的环境意识以及促使其主动寻求解决环境问题的途径。

(3)第三目标层次：调查和评价层次。

这一层次提供学习者调查环境问题和评价解决问题方法所必需的知识和技能。

(4)第四目标层次：环境行为技能层次。

这一层次是发展学习者为维持生命与环境质量间的平衡而采取积极行动所需的技能。

自然教育课程开发目标包含四个层次，每个层次之下，还有若干具体的课程次目标。不同层级目标对应群体不同，没有绝对性。各目标层次的实现跟课程开发原则一样，以螺旋发展为一般原则。自然教育与环境教育具有内在的统一性，同样可以划分不同层级的目标，如设置自然教育课程总目标、教学目标、年级教学目标、各学科相应教学目标等。课程目标一旦确立，设计者便可以此为基础，确定课程范围。

4. 选择课程内容

即课程"教什么"，主要解决课程知识观、技能观、能力观、态度观等问题。自然教育课程内容的选择一方面要契合自然环境的资源，包括自然资源类、历史文化类资源和综合体验类资源；另一方面要符合儿童的认知发展特点，选择易于体验和操作的内容。这就要求在选择自然教育课程内容时，要因地制宜，充分挖掘地域特色，选择可以利用的自然教育资源。

5. 确定课程组织形式与实施方式

课程组织形式与实施方式是关于课程类型与结构、课程实施途径、方式与方法的选择问题[①]。自然教育课程的组织形式与实施方式要落实在每一个自然教育目标层次上，将每个独立的目标分别扩展为专门知识、技能和态度等目标，在此基础上，拟定适用于各学科的教学目标。依据教学目标编写教学内容，建议教学方法，并将教材、教学法、教学材料、教学评价、教学时间的分配等因素组成一个完整连贯的课程体系。

6. 进行课程评价

课程评价是了解课程实施效果及课程设计质量的过程，是获得课程运行反馈信息的主要途径。进行自然教育课程评价时，要求根据课程目标，对现行的自然教育课程规划进行评价，诊断课程是否适宜，探讨渗透于各课程中的自然教育内容的潜力，努力使现

---

① 司成勇，段兆兵，李尚卫. 小学课程设计与实施[M]. 上海：华东师范大学出版社，2013.

行课程中自然教育内容与自然教育课程目标相一致，使学生通过学习达到预期的效果。

7. 进行课程管理

课程管理是指系统地经营管理课程的一连串活动，包括国家、地方和学校等多个层面的制度设计与运行，是课程设计的保障体系，也是沟通课程设计与课程实施的桥梁。自然教育课程管理包括组织和协调自然教育课程计划，改变和创新自然教育课程以适应不同的需求，处理自然教育课程实施和评价过程中所产生的种种争议。

# 第四章　自然教育课程实施

关于"课程实施"的定义，目前尚无统一看法。有观点认为，课程实施是将预期的课程方案付诸实践的过程[1]。另一种观点则认为，课程实施就是教学[2]。综合两种观点，我们可以发现课程与教学是相互联系的，课程是学生在教学过程中需要体验、领会和掌握的教育内容，教学是导师和学生在教学过程中以课程为中介所进行的活动和行为。课程实施就是把经开发的课程付诸实践的过程，这意味着将理论层面的课程转化为具体的教学实践。自然教育课程只有经过实施，才能检验课程目标是否达成，教学方法和策略是否适用，课程效果是否令人满意等。其中导师是主要的实施者，要根据课程方案要求、实际的教学条件和学生的情况，确定课程实施方案，制订实施策略；课程实施应成为有计划、有组织的互动过程，一方面促进导师的专业成长，另一方面提升学生的课程体验，最终实现预期的教育目标。

一、自然教育课程行前准备

课程实施的基本要素包括导师、学生和课程内容。导师是课程实施的主体，学生是课程实施的对象。而自然教育以大自然为教学场所和教学内容，导师与学生通过大自然产生互动。因此，要达成自然教育的目标，课程实施前要做好三方面的充分准备，包括教师课程行前准备、学生课程行前准备和场地课程行前准备。

1. 导师课程行前准备

导师是课程实施的主体，也是课程实施的主要承担者。导师课程行前准备，关乎课程能否顺利开展，目标能否按照要求达成。只有做好充分的行前准备，才能确保自然教育教学活动的顺利进行。导师课程行前准备主要包括以下几个方面。

（1）导师必须依据课程大纲的规定和具体的教学内容，规定考察的目标和内容；

（2）导师应当到户外选择符合教学目的的适当地点；

---

[1] 孟凡丽，于海波. 课程实施研究二十年：检讨与启示[J]. 南通师范学院学报（哲学社会科学版），2003（2）：128-131.

[2] 黄甫全. 大课程论初探——兼论课程（论）与教学（论）的关系[J]. 课程·教材·教法，2000（6）：1-7.

（3）导师在备课中，详细设计教学的活动步骤，列出一系列相关的问题，供学习者在考察中思考和寻求解答；

（4）导师必须考虑教学活动中所需的仪器、工具和材料等；

（5）导师对学习者交代活动内容、目的、场所、步骤及有关注意事项，然后进行具体分工；

（6）导师开展课程前还需对学习者做好安全培训，做好风险管控。

2. 学生课程行前准备

学生是课程实施的接受者，是导师施教的对象，还是课程实施的主动参与者，是教育活动中的主体。学生课程行前准备是否充分，关乎教学实际效果的成败。这就要求学生在参与具体的自然教育实践中时，必须做好物质、生理、心理上的准备。

（1）物质上的准备：参与自然教育实践活动所必备的物质资料，如基本的生活资料和学习资料，如水、衣物、笔、笔记本等，良好的学习需要充分的物质保障。

（2）生理上的准备：户外环境具有一定的复杂性，学生身体素质是否能适应户外复杂多变的环境，这需要导师或家长对学生的身体素质进行评估，同时指导学生做好开展户外活动的生理性准备。

（3）心理上的准备：心理状态会影响学生的学习效果。学生是课程参与的主体，具有主观能动性，良好的情绪状态能促使学生在自然体验中积极建构，消极的情绪状态则会显著降低学生的学习热情。行前做好学生心理上的准备，例如使其集中注意力、调动其积极性，对教学效果的发挥十分关键。

3. 场地课程行前准备

场地是导师开展教学的场所，也是学生进行学习的场所。适当的场所能够给导师、学生提供一个安全的、有启发的、有教育功能的舒适环境，从而创造出最好的体验和学习效果。因此，有准备的场地，是顺利开展自然教育课程的基础。一般，场地行前准备会考虑以下几个方面。

（1）场地安全性。

安全性是开展自然教育课程的前提。这要求在开展自然教育活动前，充分排除场地的危险因素，提前做好安全保障措施。

（2）场地资源。

场地资源必须有助于实现自然教育课程的目标，满足开展自然教育课程所要求的条件。同时，最好能匹配相关的设备和设施，例如能辅助自然教育课程的自然解说装置、自然互动装置、博物馆、自然教室等。

二、自然教育教学方法与策略

在自然教育教学过程中，导师、学生（参与者）必须采取一系列的教学手段才能进行教授活动和学习活动。无论导师、学生采取怎样的教授和学习流程、组织形式，还是完成什么样的教学任务，都必然会用到教学方法。教学方法是在教学活动过程中所采用的方法，是指在教学过程中，导师和学生为实现教学目的、完成教学任务而采取的教与学相互作用的活动方式的总称，它既包括导师的教法，也包括学生的学法，是教授方法与学习方法的有效组合[①]。教学策略是在一定教学理念指导下和在一定教学实践经验的基础上，为有效达到教学目标而对教学活动的顺序安排、教学方法的选择、学习方式的确定等所采用的所有具体问题解决的行为方式[②]。

1. 自然教育教学方法

在自然教育实践过程中，根据对象的不同、条件的不同，可以灵活采用多种教学方法。目前，在自然教育的具体实践中，主要采用以下几种教学方法。

（1）讲授法。

讲授法是导师通过口头语言向学生系统连贯地传授知识、思想观点和发展学生思维能力的方法，包括讲述、讲解、讲读、讲评等方式。讲授法以导师为中心，易于操作，可以使学生快速接收大量系统而连贯的知识。其缺点是忽视了学生的主体作用，没有形成导师与学生的双向互动。在自然教育课程的实施过程中，讲授法并不是导师主要选择的方法，这区别于学校的课堂教学，因为自然教育更注重参与性和体验性。

（2）讨论法。

讨论法是学生在导师指导下为解决特定问题而进行探讨以获取知识的方法。讨论的形式多种多样，如小组讨论、小组辩论等。讨论、辩论的方法不仅能激发学生的学习兴趣，还能帮助学生厘清思路，增强思考问题的能力、语言表达的能力。讨论法普遍运用于自然教育课程中，学生通过讨论，不仅能表达个人对课程活动的体验、对自然事物的见解，还能通过讨论碰撞出不一样的火花。讨论法能增强学生的自信，提升其表达能力。

（3）演示法。

演示法即导师展示各种直观教具、实物，或进行示范试验，学生通过观察获取对事物和现象的感性认识的方法。演示的种类有很多，按演示对象的不同，可以有单个物体

---

① 钟启泉，汪霞，王文静. 课程与教学论[M]. 上海：华东师范大学出版社，2008.
② 司成勇，段兆兵，李尚卫. 小学课程设计与实施[M]. 上海：华东师范大学出版社，2013.

演示或现象的演示、事物发展全过程的演示。按演示的教具，有实物、模型、标本、图画、相片、幻灯片、录像、影碟、教学电影及具体实验的演示等。演示法可以直观地揭示事物的本质特征，为学生学习新知识提供丰富的感性材料，容易激发学生的学习热情。在自然教育过程中，常常借助相关的教具演示自然现象的形成、发展和变化，具有直观性、形象性和生动性的特点。

（4）参观法。

参观法是指组织学生到大自然或社会特定场所观察、接触客观事物或现象以获得新知识或巩固、验证所学知识的方法。大自然具有丰富的学习素材，组织学生到大自然参观体验，是自然教育的特色教学手段。在真实而具体的自然环境中，可以充分打开学生的五感，释放其自由探索的天性，容易激发其强烈的好奇心和探索欲。目前开展较多的自然教育课，如植物导赏课、动物夜观课、观鸟课，都是参观法的具体运用。

（5）实验法。

实验法是学生在导师指导下，运用一定的仪器设备进行独立实验作业，以获得知识或验证知识、培养操作能力的方法。实验法是自然科学教育教学最重要的方法。因实验的时间和目的不同，实验类型分为理论知识学习前的感知性实验、理论知识学习后的验证性实验和巩固理论知识时的复习性实验。科学探究的过程一般分为以下几个步骤：观察现象、提出问题、做出假设、设计实验、进行实验验证，以及分析结果并总结、反思。在具体的实验探究过程中，通过直观的实验现象，加深学生对相关概念、定理、定律及规律的认识，同时掌握一些基本的技能，提高学生科学探究能力，培养严谨细致、敢于质疑、创新的科学精神。

2. 自然教育教学策略

教学有法，教无定法。在自然教育实际教学过程中，除了一般的方法，还有许多新的可供选择的教学方法，包括发现学习法、合作学习法、游戏法、模拟法、流水学习法、五感学习法。

（1）发现学习法。

发现学习法是由美国当代认知派心理学家布鲁纳（Bruner）提出的，指给学生提供有关的学习材料，让学生通过探索、操作和思考，自行发现知识、理解概念和原理的教学方法。导师不是直接向学生提供知识，而是以学生为中心，以问题为导向，积极创设情境，让学生积极开展独立的探索、研究和尝试活动，从而掌握相应的原理和结论。发现法的基本过程包括四个步骤：创设问题情境、提出假设或制订设想、从理论上或实践上检验假设、发现和总结。

因此，在自然教育实践过程中，导师要注意积极创设关于自然的问题情境，确定有价值的问题，提供探索条件，鼓励学生积极、主动、独立地研究问题，探索解决问题的方法，广泛地收集资料，综合信息进行分析，拓宽思路，检验假设，最后进行科学总结，从而解决问题。发现法可以充分地调动学生的自主性和独立性，帮助学生形成敏锐的洞察力，发展其创造性思维，提高其发现问题和解决问题的能力。

（2）合作学习法。

合作学习是一种让学生在小组中互相帮助进行学习的教学方法。研究表明，合作学习可以帮助学生在许多方面取得进步。例如，学生获得比平时更高的成绩；学生参与度更高，更有学习兴趣；在学习上，学生更多地表现为互相鼓励、互相帮助；学生之间的交往更友好。此外，合作学习还有助于学生发展复杂的认知技能，如有效的问题解决技能、元认知意识及学习策略等。

在自然教育实践过程中，采用合作学习策略，要注意以下几点：

①进行学生分组时，组合成异质小组，人数控制在4~6人，组员既有男生，也有女生，有能力强的，也有能力弱的；

②制订明确的目标。导师要给合作小组提供明确的、具体的探究目标；

③合理分工。根据小组成员实际情况，合理安排任务。每个成员负责不同的任务，相互协作、相互支持、相互帮助；

④引导者角色。导师做好引导者工作，负责监督小组成员开展任务，并及时提供必要帮助；

⑤个人责任。使每个学生对他们自己的成绩负责，即导师对每个学生进行评价；

⑥奖励小组的进步。只有全组成员均达到某一种要求时，导师才给予奖励；

⑦自我评价。让学生评价自己小组活动的效率。

（3）游戏法。

游戏是一种寓教于乐、极为有效的教学方法。游戏在自然教育实践过程中，被广泛使用。游戏法是为了达到一定的教学目的而进行的有规则的竞赛活动。游戏具有假设性、规则性、情境性的特点。游戏可以为学生提供新颖的活动形式，往往能激发学生的兴趣。游戏法要求学生积极参与，学生对游戏所包含的内容会有较深的印象。特别是在进行深度自然游戏时，将自然教育的内容融入游戏中，可以帮助学生理解比较抽象的自然概念，了解自然界的构成及自然环境中各因素之间的关系，使学生真正融入自然，与动植物为友，培养并加深他们对自然的情感。游戏法还能培养学生的规则意识，提高其人际交往的能力。

（4）模拟法。

模拟法指的是学生在具体的场景中，通过扮演特定的角色，为了解决设定的问题而采用的方法。场景模拟得越逼真，学生的代入感越强，模拟法的效果越好，学生通过角色扮演所学到的知识迁移能力就越强。模拟法一般包含四个步骤：分配角色、明确任务、阐述观点、总结。模拟法重视理论知识与实践活动的有机结合，方式灵活多变，既能充分发挥学生的想象力，还能调动学生参与活动的积极性。学生通过模拟活动，还可以增进彼此的情感交流，培养沟通、表达、分享等社会交往能力。

（5）流水学习法。

"流水学习法"（flow learning，亦称心流学习法）是美国自然教育家约瑟夫·克奈尔（Joseph Bharat Cornell）在多年的户外教学中[①]，总结出来的一种使自然活动成为愉悦的户外学习的教学策略，以近乎流水一般的流畅、有目的、有方向的方式，推动种种自然体验活动，它包括四个自然、平稳、循序渐进的阶段。

第一阶段：唤醒热忱，是一个暖身活动，通过有趣的活动、好玩的游戏，拉近学生与导师、学生与自然的距离。

第二阶段：集中注意力，是安静和敏感度的训练，将热忱引导至一个安静的焦点上。教学的诀窍在于将五官（视觉、听觉、触觉等）分别独立，以独特的方法让人每次专心使用一种感官。其目的是让学生酝酿平静的心灵以及全面学习的能力。

第三阶段：直接体验，是学习最重要的一环。约瑟夫·克奈尔强调每一个人运用自己的五官和心灵去领悟自然，获得一手经验的重要性。

第四阶段：分享启示，将直接体验所获得的启示，通过讲故事的形式分享出来，以厘清和强化个人内心的体会。

（6）五感学习法。

五感学习法指的是学生不只是通过看与听来学习新事物，也是用所有感官来接收信息的。越多的感官被调动，学习效果就越好。研究表明，幼儿阶段的认知发展以具体形象性和不随意性为主，抽象性和随意性初步发展；小学儿童的思维从以具体形象思维为主要形式逐步过渡到以抽象逻辑思维为主要形式，但这种抽象逻辑思维在很大程度上仍然是直接与感性经验相联系的，仍然具有很大比例的具体形象性。由此可见，五感学习法更符合儿童心理认知发展特点，在大自然中，鼓励儿童充分调动五感去感受大自然，可以帮助儿童建立大量直观、感性的认知，丰富儿童的经验。

---

① 约瑟夫·克奈尔.深度自然游戏[M].李佳陵，肖志欣，译.长沙：湖南教育出版社，2019.

三、风险管控与应急处理

自然教育课程主要在自然环境中开展，相比于室内活动，室外的场所充满不确定性，其面临的风险也有所不同。在进行风险管控的过程中，既要考虑客观环境因素导致的风险，又要考虑因组织者和参与者自身主观因素导致的风险。风险管控与应急处理在自然教育活动中极为重要，一来可以保障组织者和参与者的生命安全，二来可以降低风险及损失，其贯穿于自然教育的整个过程。这就要求组织者及参与者具备相应的风险管控能力和应急处理能力，在课程实施前，做好风险评估、应急预案；在课程实施中，做好安全保障；在意外发生时，能及时进行应急处理，将损失或伤害降到最低。

1. 风险管控

风险管控是指风险管理者采取各种措施和方法，减少风险事件发生的各种可能性，或者减少风险事件发生时造成的损失。风险管理的方法主要有以下四种[①]。

（1）风险规避：风险控制是最彻底的方式，采取有效的风险规避措施能够消除某一特定风险。例如，在开展自然教育课程时，选择没有水域的场所进行活动，可以消除溺水的危险；选择好天气活动，则能规避极端天气带来的危险，等等。这意味着在开展自然教育活动前，组织者要详细考察，提前做好风险规避，尽力消除可能存在的危险因素。

（2）风险转移：通过契约，将风险转移给受让人承担的行为。通过风险转移有时可以大大降低转让主体的风险程度，风险转移的主要形式是合同和保险。这也是目前自然教育实施者用于风险管控的常见手段。例如在开展自然教育活动时，组织者与家长签订免责责任书，为参与者购买意外险，等等，用于转移部分或全部风险。

（3）风险降低：制订计划和采取有效措施以降低损失的可能性或者减少实际损失。例如，选择安全系数高、可控性高的自然场所进行教育活动，以降低风险。

（4）风险保留：在不可能避免或者转移全部风险的情况下，可能会保留某些风险。这实际上是一种积极的风险控制手段，它会使活动组织者为避免承受风险损失而事先做好各种准备工作，努力将风险损失降到最低程度。

自然教育的场所主要在自然中进行，所面临的风险更多。我们可以将自然教育中常见的风险归纳为四类：自然灾害、突发疾病、意外伤害、其他突发性事故。自然灾害常常由天气变化、地质运动等因素引起，如雷暴天气、台风、洪水等；突发疾病则由参与

---

① 国家体育总局青少年体育司，中国登山协会. 自然教育操作手册［M］. 北京：高等教育出版社，2018.

者自身的健康状况导致，环境因素也可能导致其生理不适，如气温过高引起的中暑；意外伤害则是由外来的、突发的、非本意的、非疾病的使身体受到伤害的客观事件，如蛇虫咬伤、摔伤等引起的；其他突发性事故则是突然发生、未能事先规避或排除的其他危险，如交通事故等。在开展自然教育时，要全面评估有可能面临的风险，选择适当的风险管控措施，以有效预防风险的发生，降低风险损失或伤害。一般来说，风险管控分为以下四个步骤。

（1）制订风险评估标准。

进行风险评估，必须按照一定的标准进行。这就要求组织者提前制订自然教育风险评估标准，标准的制订要以科学、技术和实践经验为基础，并在实践的过程中不断改进和完善。标准一旦确定，组织者即可按照标准，有目的、有计划地开展风险评估。

（2）开展风险评估。

风险评估是实施自然教育活动的前提。针对场地、组织者、参与者进行风险评估，可以事先排查可能引起风险的因素，采取必要的措施进行规避，有效降低风险发生概率。作为自然教育活动的组织者，要全面掌握具体活动过程所面临的危险因素，逐一评估。

（3）制订风险管控计划。

整合风险评估的资料，针对存在的可能引起的客观风险和主观风险，制订详细、易于操作的风险管控计划。计划必须包括风险识别、分析、应对方法及手段等内容。

（4）进行风险管控。

组织者应当根据预先制订的计划，对整个活动进行风险管控，包括活动前风险的预处理，活动中对风险的监控与处理，活动后对风险管控的总结与评价。风险管控贯穿于自然教育活动的每个环节，这就要求组织者具备较高的风险管理意识，对整个过程全面进行风险把控。

2. 应急处理

应急处理是指出现安全事故或紧急情况时，为将损失降低到最低而采取的必要措施。在开展自然教育实践活动的过程中，必须有应急预案。一般自然教育应急预案应包括：

（1）自然灾害（如地质与气象等极端天气）应急预案；

（2）突发疾病应急预案；

（3）意外伤害应急预案；

（4）交通事故应急预案；

（5）食物中毒应急预案。

应急预案的内容应包括：

（1）突发事件应急处理机制，包括成立应急小组、明确人员职责与分工，做到人人有责，人人负责；

（2）应急预案的响应启动条件；

（3）应急处理的程序与步骤；

（4）应急处理的操作流程。

安全是开展自然教育活动的前提，没有安全就没有一切。因此，在实施自然教育课程时，要尤其重视风险管控及应急处理，这要求组织者制订详细的安全措施和应急方案。同时，要多方评估安全措施及应急处理预案是否科学、规范、细致、有效、可操作。

组织者要熟练掌握预案的应急响应条件，在符合条件的情况下迅速果断地启动应急预案，按照预案所规定的流程执行预案，避免延误时机，扩大损失。应急预案启动的决定应由组织负责人视情况做出。应急预案可以单独做成应急手册，负责人随身携带，处理紧急情况时参照执行。

 # 第五章 自然教育课程评价

课程评价的一般手段也适用于自然教育课程评价。评价活动是随着课程的实施而展开的,可以揭示课程的价值和效果,为课程规划及课程目标、内容等的开发和改进提供有效信息。课程评价是课程研究中必不可少的环节,是衡量目标实现程度的重要依据。在自然教育课程评价过程中,要以其课程目标为评价依据,衡量学生在自然意识、知识、技能、价值观与态度等方面的具体变化情况。

一、自然教育课程评价类型

传统的评价类型主要是针对结果的评价,即以结果来判断课程的效果与价值。自然教育不同于常规的学科教育,可以拥有多种类型的评价方式。根据评价时间的不同,可以把自然教育课程评价分为诊断性评价、形成性评价与总结性评价;根据评价者身份的不同,可将评价分为内部人员评价和外部人员评价;根据评价者的注意力是集中在课程实施的过程还是结果上,可将评价分为过程评价与结果评价;根据评价与目标的关系,可把评价分为目标本位评价和目标游离评价。

1. 诊断性评价、形成性评价与总结性评价

诊断性评价是一种预测性的评价,在课程计划或教学活动开始之前,对教育对象、教学计划、教学方法等进行诊断以发现问题,以便最大程度地发挥课程计划、教学活动的优势,进而改善课程活动。通过诊断性评价,我们可以掌握教育对象的发展水平,从而为制订教育目标提供依据。在开展自然教育活动时,导师可以通过多种方式对学生进行诊断性评价,以了解学生对相关的内容已做好哪些知识、技能和态度上的准备。这样设计和组织自然教育活动能有的放矢,根据学生的发展水平调整目标和内容。

形成性评价是一种在教育过程中持续进行的评价,其目的是及时了解教育活动的成效,以便及时调整教育策略,优化教育过程。在一个持续时间比较长的教育过程中,导师需要及时了解学生的发展情况,以便根据这些反馈信息计划和组织下一阶段的教育。这就需要形成性评价。例如,在自然教育实践过程中,涉及关于植物主题的知识,导师组织各种形式的教育活动。首先学生讨论、交流有关植物的知识,然后集体观察大自

然里的植物,接着总结交流、提出问题,并分头收集资料以寻找答案;最后进行集体交流,分享自己的发现,等等。整个活动历时几天或几个星期。在这个过程中,导师不断了解学生在这方面的发展,做出评价,并根据评价的结果有意识地引导学生深入探究下去。

自然教育课程形成性评价最主要的目的在于探明课程计划或活动中存在的问题或失当之处,以便为修订或改进提供证据,着重于分析、比较、诊断、改进。

总结性评价是一种事后评价,在完成某个阶段的教育活动之后进行。其目的是了解这一阶段的教育效果,对达成教育目标的程度做出总结和鉴定。自然教育课程进行到某一阶段结束时,就需要对学生的各方面发展进行总结性评价,以了解每个学生的发展情况。对于导师而言,课程结束时,也必须进行总结性评价,从而了解教育活动的效果。总结性评价只关注结果,不重视过程。因此,总结性评价可以通过对学生的测验、测试进行,也可以直接评价学生的作品、作业。例如,进行自然教育活动中的观鸟实践时,课程结束后,可以通过测验的形式考查学生认识的鸟的种类及特征。

2. 内部人员评价和外部人员评价

根据评价者身份不同,可将评价分为内部人员评价和外部人员评价。内部人员评价指的是参与课程设计或实施的人进行的评价,也包括课程的被实施对象,即来自学生的评价。评价目的在于改进课程开发、设计和实施的过程,弄清预设的教育目标是否达成。外部评价则是指他人评价,又指由第三方从外部对课程进行的评价。

外部人员评价通常由专门的人员来实施,从外部来评价自然教育课程,能够获得比较客观、可信的结果,并且具有一定的可比性。但由于评价者没有参与具体的课程活动,无法获得完整的评价信息。而内部人员因参与具体的课程活动中,其评价更能发挥评价工作的激励作用和改进功能。

3. 过程评价与结果评价

过程评价是针对自然教育课程计划实施过程以及教学活动的评价。过程评价侧重考查课程内容、课程内容的正确性和组织方式、课程计划实施过程中的影响因素及其相互作用、教学的方式方法、教学的组织、教学中的互动等。而结果评价则是针对课程目标是否实现的评价,只注重结果而不关注过程,旨在了解课程计划对学生所产生的影响。

4. 目标本位评价与目标游离评价

目标本位评价是以目标为基础进行的评价,旨在测定教育目标在课程中究竟被实现了多少。因此,评价最终考查的是这些行为的改变程度,即评价目标在课程实践中实现了多少。

目标游离评价与目标本位评价不同，前者更强调把评价的重点从"课程计划预期的结果"转向"课程计划实际的结果"上来，减少预定课程目标对课程评价的影响。目标游离评价突破了预定目标的限制，有机结合了形成性评价和总结性评价，具有更大的客观性和民主性。

二、自然教育课程评价原则

1. 综合性原则

自然教育的目标是综合性的，它包括意识、知识、技能、价值观与态度等各个方面因素的发展，因此，对自然教育课程的评价不应当仅仅停留在某一个方面，而是要结合多种评价类型来评价学生掌握相关知识的情感，以及学生在情感体验等方面的全面发展，达到综合分析学生自然素质发展的目的[①]。

2. 动态性评价原则

学生自然素质的形成是一个动态的发展过程，自然教育课程的评价应当全面评价学生在发展过程中的素质构成和学习、活动体系等各方面的情况。同时，评价时，还应注意，学生自然素质的发展并不是所有因素在量上的均衡积累，其发展有时是循序渐进的，有时又伴随着不断的反复，通过量的点滴积累，从而形成质的飞跃。此外，随着学生身心特征的发展，社会外部因素的影响也会使学生出现不同的发展方向与发展速度，如低龄段学生的情感要素发展较快，而高龄段的学生则是认知因素发展较快；随着社会的进步，经济因素对学生价值观的影响程度将弱于环境因素的影响，等等。这都要求自然教育评价不能是静止孤立的，而是动态发展的[②]。

3. 矫正性原则

自然教育课程评价的宗旨是促进学生自然素质的发展，它不是一种选拔性的评价，而是旨在推动自然教育工作和教育质量的提高，应当具有激励改进的功能。因此，评价不是对学科知识学习情况、个人知识记忆的多少和智能水平高低的评价，更不是为学生的分等级和选拔服务的。在自然教育过程中，导师要依据评价方案和评价指标来全面地了解学生，以便掌握学生当前的自然意识、自然价值观与态度、自然道德水准以及所具有的自然知识和解决自然问题的能力等，并及时向学生反馈各方面的情况，为其确定下一步的努力方向[③]。

---

① 祝怀新. 环境教育的理论与实践 [M]. 北京：中国环境科学出版社，2005：109.
② 同① 110.
③ 同① 111-112.

三、自然教育课程评价方法

在进行自然教育课程评价的过程中,涉及评价方法的选择问题。课程评价的方法是多样化的。在理论层面,分为量化评价和质性评价。具体选择何种评价方式,由自然教育课程评价的目的、对象特点及评价者自身的水平和客观条件决定。

1. 量化评价

量化的课程评价方法是指在确定课程评价目标之后,采取量化手段处理评价资料,最终获取课程客观效果的价值判断的一种操作程序[①]。程序是按照一定操作流程进行的,因此,自然教育课程量化评价也要遵循一定的流程:明确自然教育课程总目标,将总目标转化为可供观察、测量的详细目标,制订评价的标准,选择评价的具体操作方法,收集与分析评价数据,得出评价结果。量化评价的具体方法有测验法和调查法。

(1)测验法。

测验法经常用于评价学生的学习结果,因其针对性强、易于操作、灵活实用的特点,被广泛应用。常见的测验方式是考试,即纸笔测验,或是被精心设计的量表,如能力倾向表、兴趣量表等,与传统的考试测验一致。在开展自然教育过程中,针对学生知识层面的评价,应多采用测验法,它能直观、客观地反映学生对自然相关概念、理念的掌握程度。例如,在进行公园常见植物调查后,可以通过测验的方式,评价学生对公园植物种类的认知程度。但测验法存在一定的局限性,它注重教育的结果,不关注过程,因此不能完全真实地反映被评价者的整体面貌。

(2)调查法。

调查法是通过调查对象自我报告来收集资料信息,以对课程质量进行价值判断的评价方法。调查法有多种形式,如问卷调查法、访谈法、教学日志法、档案调查法、作品分析法等。调查法既适用于个体的评价,又适用于大样本的调查和评价,可以在短时间内同时调查很多对象,获取大量资料,并对资料进行量化处理。利用调查法,可以了解自然教育课程的实施状况,如目标的实现情况、教育者在实施自然教育课程中所遇到的困难、受教育者的学习效果等。使用调查法评价自然教育课程时,要注意以下几点。

一是科学选择、设计和编制调查工具,如利用问卷调查法进行调查时,要科学设置有关自然教育方面的问题。

二是开展调查前,先进行小范围试验,确保调查工具的可信度和实效性。

---

① 钟启泉.课程设计基础[M].济南:山东教育出版社,1998:10.

三是正确选择调查对象及其数量,样本要有代表性。

四是采取有效措施,提高调查的反馈率和回收率。

五是培训调查人员,提高调查过程操作的规范性、科学性和有效性。

2. 质性评价

质性评价以自然情境为直接的资料来源,评价者就是一个评价工具,评价者需要与评价对象有直接接触,需要在评价情境中对其进行观察、了解和交流。质性评价是描述性的,评价资料的收集以文字或图片说明为主,而不是数据。即使采用统计数据,也是为了描述现象,而不是对数据本身进行相关分析[①]。质性评价的方法很多,包括表现性评价法、档案袋评价法、应答评价法、解释性评价法、教育鉴赏法和教育批评法等,常用的主要是表现性评价法和档案袋评价法。

(1)表现性评价法。

表现性评价法是指根据学生完成某项具体任务的真实表现,导师对其知识、技能及情感等学习成果进行评价的方法。评价的内容主要包括两个方面,即"过程"和"作品"。"过程"指的是学生在完成任务过程中的表现,如科技研究、实验操作等。"作品"指的是学生制作的各种实物产品,如图片、手工、模型等。表现性评价法是对学习的直接观察、研讨和测量,既关注学生的学习结果,又关注学生的学习过程。表现性评价法可以及时被应用在课堂教学活动之中,以便导师为学生提供及时的反馈,使学生及时调整或校正学习活动。表现性评价法最适合于测量深层次的理解,也可以用来评价学生的工作习惯和社会技能,如创新思维能力、合作能力、分享意识和协商能力等。表现性评价法在一定程度上可以真实地检查学生对课程的理解,检查学生分析和解决实际问题的能力以及创造性发展的状况[②]。

表现性评价法最关心的是,学生在真实情境中运用知识和技能的能力。表现性评价法既可用于形成性评价中,以提供改进的反馈信息;也可用于总结性评价中,即对学生的等级做出判断。表现性评价法比较适合于评价学生应用知识的能力、对不同学科内容整合的能力及决策、交流、合作能力。

一般来说,表现性评价法步骤如下。

①确定评价的目标。评价的方法、内容都是围绕目标进行的,明确评价目标是开展课程的前提。同时,要求目标的设定必须是可观察和可测量的。

②确定表现性评价法的重点。

[①] 钟启泉,汪霞,王文静.课程与教学论[M].上海:华东师范大学出版社,2008:270.
[②] 司成勇,段兆兵,李尚卫.小学课程设计与实施[M].上海:华东师范大学出版社,2013.

③确定表现性任务的可能形式并根据影响因素选择适当的表现性任务（结构性表现测验、口头表述、模拟表现、实验或调查、作品、项目等）。

④提供适当的情境。

⑤考虑所采用的观察和评价工具。

⑥对表现性任务进行评分。

（2）档案袋评价法。

档案袋评价法又叫成长记录袋评价法。成长记录袋有文件夹、公事包或代表性作品等多重含义。作为评价的工具，它通过学生和导师系统地收集相关评价资料，以检查学生的努力、进步、过程和成就，并对很多正式测验结果做出相应的解释。成长记录袋记录了儿童在某一时期一系列成长"故事"，是评价学生进步过程、努力程度、反省能力及其最终发展水平的理想方法。档案袋评价法有利于课程、教学、学习、评价的有机结合；有利于提供学生学习和发展的真实有用信息；有利于鼓励学生参与评价，激发其学习动机；有利于培养学生的自我反思；有利于增进学生之间、师生之间和家校之间的交流与合作[①]。

成长记录袋的特点如下。

①成长记录袋关注的是学生学习与发展的过程。

②学生成长记录袋里的内容与某一时期的教学与学习目标相一致。

③学生可以自己决定放入成长记录袋中的内容或项目。

④导师定期对学生的成长记录袋进行评价和反馈。

成长记录袋的评价不是做出好与不好的结论，而是注重学生在学习过程中的成长和改变事件（技能、兴趣、学习方法与态度、自主性与独立性等），并提出相应改进与发展建议。成长记录袋的内容包括学习作品（如日志、研究报告等）、口试的录音、展览和其他配合教学的材料。就自然教育的应用而言，成长记录袋的作品包括野外考察报告，自然教育展览的图片、奖状、证书等材料。收集的内容既要涵盖教学目标，又要能发展个人的兴趣和能力。

---

① 司成勇，段兆兵，李尚卫.小学课程设计与实施［M］.上海：华东师范大学出版社，2013.

第六章 自然教育课程典型案例

自然教育课程具有专业性、实践性、契合性、多样性等特点,注重人与自然的联结,强调培养儿童的情感体验、认知发展、技能形成等。根据自然教育的特点,彭蕾和尹豪系统研究了国内外自然课程实践案例,将自然教育课程划分为8大类14个小类[1]。赵迎春等则从科学性和可行性的角度,将自然教育课程分为观察型、动手参与型、体验型、创意创作型4种[2]。自然教育课程丰富多样,在本章中,将选择国内外自然教育课程典型案例进行介绍。

一、国外案例

自然教育兴起于国外,相较于我国自然教育开展状况而言,国外自然教育起步相对较早,理论研究与实践成果有较多的积累,由此而形成的自然教育课程体系,有不少值得我们借鉴的地方。其中德国的《森林教育指南》(以下简称《指南》)系列课程便是典型的代表案例[3]。

《指南》系列课程由德国巴伐利亚州食品、农业和林业部编写,主要面向不同年龄阶段的森林访问者,如幼儿园儿童、小学生、中学生、成年人,开展森林体验课程,旨在让参与者从各个方面全面认识森林生态系统;体验森林是如何实现多种功能效益的;对起源于林业的"可持续"概念产生浓厚兴趣,最终把这个概念作为基本价值观融入个人生活之中;提高参与者的能力,从而与其他人一起,共同为人类创造一个可以幸福生活的未来作出贡献。

《指南》从教育的目标、理念、对象、方法策略、主题活动案例、评估、拓展等方面进行了系统、全面、翔实的介绍。例如,围绕森林这一主题,《指南》设计了包括森林土壤、水、树木、可持续性利用、森林-声音空间、森林-工作场所、森林处于危险之中、狩猎、森林与社会、全球森林、创意制作、森林项目12个课程项目,每一个课

---

[1] 彭蕾,尹豪.自然教育课程体系及场地设施需求[J].中国城市林业,2021,19(2):110-114.
[2] 赵迎春,刘萍,王如平,等.关于自然教育若干问题的对策研究[J].绿色科技,2019(24):310-311+314.
[3] 巴伐利亚州食品、农业和林业部.森林教育指南[M].中德财政合作甘肃天水生态造林项目执行办公室,编译.北京:中国林业出版社,2013.

程项目下又细分多个子课程。土壤和树木是自然环境中最为常见的自然事物，对于一些从事自然教育的工作者来说有较强的参考价值，因此本节将以"森林土壤"和"树木"两个课程项目为例，进行简要介绍。

除了《指南》外，美国著名自然教育家约瑟夫·克奈尔所著的《深度自然游戏》[①]，是一本激发活力、创造力的启发式学习指南。美国国家公园管理局将其创建的流水学习法与蒙台梭利、杜威、加德纳（Garder）、皮亚杰（Piaget）的理论并列为五大学习理论。该书所讨论的深度游戏是开展自然教育活动的一种教学方式，与一般的游戏有所区别，会更看重注意力。他指出，深度自然游戏的特征包括以下内容："全然沉浸于当下，感受不到时间的流逝，与玩耍对象深深地融为一体，自我意识逐渐减弱"，提出"忘我"和"深度融入"是深度游戏的特征。本节将介绍书中的两个深度自然游戏，这两个游戏不是严格意义上的课程，它们也许是课程内容的某个环节，对于没有机会参与自然教育机构组织的自然活动的儿童来说，在家长的带领下体验简单且深度的自然游戏也是十分有价值的。

美国帕蒂·博恩·塞利（Patty Born Selly）所著的《儿童自然体验活动指南》主要介绍了针对3~8岁的儿童设计活动课程[②]，课程活动涉及内容广泛，并且都是儿童易于接触到的内容。其针对一种自然现象或自然物，都能开发出适合低年龄段儿童的课程，每个活动课程中还标记了与《美国国家科学教育标准》相关联的内容，对于指导低年龄段的儿童参与自然教育活动颇具借鉴意义。本节也将以书中"植物的器官"为案例进行介绍。

（一）案例一：森林土壤

1. 活动目标

在森林教育引导中，就"森林土壤"这一主题应该给参与者传递"土壤是不可再生的，并且很容易被破坏"的知识信息。这些天然资源是历经几千年而形成的，土壤中充满了生机，形成了植物、动物和人类的生活基础。

2. 活动概览

我们建议您借助以下描述的几个活动了解"森林土壤"课题。把这种活动作为"建筑材料"，以便您能够随心所欲地选取各种形式和数量的"材料"来构建您的森林教育引导"大厦"！

[①] 约瑟夫·克奈尔. 深度自然游戏[M]. 李佳陵，肖志欣，译. 长沙：湖南教育出版社，2019.
[②] 帕蒂·博恩·塞利. 自然教育译丛：儿童自然体验活动指南[M]. 肖风秋，尚涵予，译. 北京：教育科学出版社，2017.

森林土壤1:"体验森林土壤"

让参与者倾听、嗅闻、感受森林土壤。

森林土壤2:"赤脚毛毛虫"

让参与者赤脚在不同的森林地面上行走。

森林土壤3:"土壤窗口"

参与者躺在森林的地面上,用阔叶覆盖身体后拨开脸部树叶,透过"土壤窗口"看天空。

森林土壤4:"我的土壤形象"

让参与者真实地去感知一小块森林土壤切块。

所有年龄段的成员都渴望去搜寻土壤中的动物,并考虑把"猎物"禁锢在带有放大镜的玻璃杯中观看。

森林土壤5:"跟踪土壤动物"

参与者发现并观察土壤中的动物。

一片完整的树叶通过物理和化学反应降解成细小的碎片以及腐殖质,这对于许多人来说显示出了"土壤动物"的巨大力量。关于这个主题,我们提出了三种研究方法。

森林土壤6:"落叶的分解"

通过树叶的分解创造性地开展工作。鼓励参与者把树叶腐烂过程中的每一个阶段贴在一张白纸上。用这种方法可以让他们长久铭记森林教育引导活动。

森林土壤7:"土壤阶梯"

请您为参与者形象地展示腐殖质结构。

森林土壤8:"腐殖质对比"

说明腐殖质形式的多样性,找出其多样性所依赖的不同参数,让参与者手持评分表亲自踏上探索之路。

对森林土壤面临的威胁,您可以借助于以下三项活动来生动形象地演示。

森林土壤9:"土壤酸化"

参与者测定pH值并明确土壤酸化的因素。

森林土壤10:"森林土壤是记仇的!"

演示压实对土壤的影响,您可以借助不同土壤剖面中不同的渗流速度来生动形象地演示这一现象。

森林土壤11:"水土流失实验"

演示水对土壤侵蚀的影响。通过对森林林地和没有植物生长裸露土地的比较,其不同之处清晰可见。

最后，我们提供两种可以强化引导的活动。

森林土壤12："构建树根"

把最重要的树木根系用简单的方法演示出来。

森林土壤13："蚯蚓展示箱"

为了在以"森林土壤"为主题的引导活动结束后，参与者仍然能用鲜活生动的语言描述真实的感受，您可以采用这种教学活动。

在关于森林土壤课题的森林教育引导中，当然也应该在引导路段中设计一个土壤剖面以及土壤信息描述。如果可能，请您让小组成员划分土壤剖面结构层次，确定土壤结构以及土壤颗粒大小，或者通过pH值测定来确定土壤含碱量。鉴于您是引导负责人，应该进行最后的解释和总结性发言。

参与者满载土壤知识踏上回家的道路时，他们应该尽量认真思考引导人员传授给他们的这些森林土壤知识。

3. 具体活动

以"森林土壤1：'体验森林土壤'"为例。具体见表6-1。

表6-1 "体验森林土壤"课程简介

内容	通过各种感觉体验森林的土壤		
目的	唤醒参与者对森林土壤的兴趣	时限	最多30分钟
活动类型	安静型、感受型	材料	无
参与人数	3~30人	准备工作	在森林里选择一块合适的场地
参与者年龄	4岁以上	室外条件	土壤湿润，但不能太湿
活动流程： 参与者在落叶层上奔跑，倾听其发出的声音。 收拢一大堆树叶，躺在松软的土"垫子"上（参见森林土壤3："土壤窗口"）。 通过感受成堆的树叶，他们会发现许多层次，还会注意到层次越来越湿润，最后变成湿润的土壤或腐殖质。 让参与者描述成堆的树叶的气味			
活动深入的可能性： 进行讨论，话题可以是把成堆的树叶作为食物来源，并作为生活在树叶下面的土壤的微生物保护层。这一主题还可以很好地被融入下列活动："赤脚毛毛虫""土壤窗口""跟踪土壤动物""落叶的分解""土壤阶梯"。 通过判断水平层（请参见"落叶的分解""土壤阶梯"），参与者也可以给落叶层分级			

（二）案例二：树木

1. 活动目标

进行森林教育引导时应有这样一种目标：参与者应该把树木作为一种鲜活的生命体去体验和理解。"树木是有生命的"不应该只是一句空话。对树种的解释以及不同树种根系的说明或者对不同立地条件的要求都属于经典的森林教育引导范畴。

2. 活动概览

您可以把以下所有活动作为建议来考虑，在您的森林教育引导活动中，您可以以任何顺序在这些建议活动中选出任何数量的活动为您所用。

树木 1："镜像森林"

参与者体验到一个生动活泼、令人惊讶和着迷的树冠世界。该参与团队将会以饱满的热情穿过森林并充分享受这一活动过程。

通过树木 2 至树木 8 的活动，您将带领参与者更进一步地了解树木的物理特征和特点。

树木 2："山坡倒立"

参与者将体会到作为一棵树在山坡上生长是多么艰难，以及它们在这种困难条件下如何才能够生存、生长。

树木 3："树木电话"

请您展示，声音是如何通过树木传导的。同时在这一框架范围内您也可以告诉参与者某些动物是如何利用这一优势的。

树木 4："听诊树木"

参与者倾听树木内部（"内心"）的声音。

树木 5："树木毛细血管的吸力"

参与者借助一个令人惊讶的简单实验去理解，树木是如何把营养液体从下往上运输到树木顶端的。

树木 6："光合作用——小精灵"

对于许多参与者来说光合作用是很难理解的。这里借助于哑剧的形式来再现光合作用的过程。

树木 7："光合作用——接力赛"

一场接力赛可以演示水分和同化运输在树中是如何同时进行的。

树木 8："探寻树木命运的痕迹"

参与者要明确，不同的环境条件是如何影响树干生长（年轮结构）的。

在以下 10 项活动中，参与者将采取不同方法重新着手"认识树木"这一主题。参与者将用创造性的工作方法来区分不同的树种。

树木 9："认识树皮"

参与者学习如何感觉和识别各种不同形状的树皮，包括在被蒙住眼睛的情况下。

树木 10:"鉴别树芽"

制订相对有难度的树芽确认方法,但也简单!

树木 11:"感受针叶树"

参与者体验不同的针叶树:它们的针叶分为柔软的和尖锐的,短针和长针,单生针和簇生针等。

树木 12:"树木鉴定"

参与者制订一种确定森林树木的方法。

树木 13:"树皮——刮刮卡图片"

参与者把树皮拓描在纸上从而得到漂亮的树皮画。

树木 14:"树木知识"

参与者用针叶阔叶制作一个"标本"。

树木 15:"树木简介"

参与者共同把树木的树皮图、种子、针叶和阔叶以及树木的生长数据收集、整理在一起。

树木 16:"树叶记忆"

在游戏中,参与者学会分辨阔叶树木不同的叶片形状,并学会借助针叶结构来区分不同的针叶树。

树木 17:"树种——多米诺"

参与者用不同的树种玩任意种类的多米诺游戏。

树木 18:"树枝——拼图游戏"

把不同树种的树枝切割以后再重新对接到一起,这并不是很容易的事情。请您与参与者在"木材种类拼图"框架范围内进行练习。

借助以下 3 项活动使参与团队安静地专注、沉思于主题"树木"。

树木 19:"我们是一棵树"

参与者首先安静,然后突然活泼地组成一棵树的形状。

树木 20:"邂逅树木"

参与者蒙上眼睛安静地去感受一棵树并认识它。借助于通过触摸而形成的"内在印象",参与者摘去眼罩后再去寻找刚才所触摸过的树木。

树木 21:"时光飞逝,树木屹立"

借助于对树木的冥想,参与者进行换位思考,体会季节变换中的树木。

您可以用以下两个活动来结束您一天的森林教育引导工作。

树木 22:"树木根系"

参与者从森林中挖出一棵天然更新的小树。

树木 23:"树种曲棍球"

参与者互相竞争,看谁能够更快地正确认出树种。

3. 具体活动

以"树木 9:'认识树皮'"为例,见表 6-2。

表 6-2 "认识树皮"课程简介

内容	参与者通过触摸树皮认识并区分不同树种		
目的	让参与者感受不同树木的树皮结构	时限	最多 30 分钟
活动类型	安静型、感受型、知识型	材料	眼罩、木材的不同部位、纸张、笔、图钉
参与人数	最多 15 人	准备工作	寻找一块具有不同树种的林分①,准备好收集的木材
参与者年龄	6 岁以上	室外条件	混交林林分
活动流程: 　　根据树种,请您准备不同种类的树皮,并且这些树皮要有明显的差异,请您和参与者共同描述树皮的差异。 　　请您给参与者机会,让他们广泛地去触摸树木和树皮。 　　在参与者认识这些树皮之后,蒙住他们的眼睛,激励他们在蒙住眼睛的情况下再去识别这些树皮。 　　也可以蒙住眼睛让他们去触摸不同的树皮结构			
活动变化方案: 　　请您把蒙住眼睛的参与者引领到有不同树种的混交林中,让参与者去触摸树皮的结构,然后让他们共同讨论所触摸的树种。 　　给参与者分发铅笔、纸张和图钉,让他们用纸张在树皮上拓描树皮,这样不同的树皮结构就会非常好地出现在您的面前。首先拓描相对光滑的树皮,因为在粗糙的树皮上容易把纸张弄坏。 活动深入的可能性: 　　您也可以检查参与者的学习成果。 　　您也可以让参与者对树皮进行整理和分类			

(三)案例三:深度自然游戏

1. 深度自然游戏一:声音地图

为每位参与者发一张中间画了"X"的白纸,在参与者选好自己所处的位置后,导师告诉参与者这是一张声音地图,"X"分别代表每个人坐着的位置,当参与者一听到声音,就在纸上做记号,记号的位置应该标明声音来源的方向,以及与自己坐的位置之间的距离。参与者们不需要详细描绘声音的图案,只需要标注简单的符号即可。例如,几道波浪线代表一阵风,一个音符代表鸟的歌声。简单的标记能使参与者的注意力集中

---

① 林分是指林木的内部结构特征,即树种组成、林层或林相、疏密度、年龄、起源、地位级等主要调查因子相同并与四周有明显区别的有林地。通常也泛指任一具体的长有林木的地段。——作者注

于聆听，而不是转移到画出标记这件事情上。

开展此项游戏，为了听到更加丰富的自然声音，可以选择在森林、草原或溪流边进行。开展过程中，请参与者闭眼聆听，聆听附近的树林、飞鸟和沙沙作响的草等抚慰人心的声音，这能够使人内心平静，加深参与者对周围声音的感知和欣赏。"声音地图"是增进对周围环境觉察力的绝佳活动。

2. 深度自然游戏二：与自然谈心

在这个活动中，参与者挑选一块岩石、一株植物、一只动物或者一片有着有趣故事的自然地貌。例如，可以选择一只蜻蜓、一朵黄花、一块大圆石、一座山峰或是一阵风。

参与者以自己的方式去认识、去理解挑选的自然之物。如果选择的是一块石头或者一株植物，可以用双手去感受它的纹理或质地，观察它的身上是否长了其他东西，寻找一些诸如火灾、干旱、侵蚀、台风等可能伤害或影响它的证据。稍微站远一点观察，看看它是如何融入周围的环境并与之互动的。

参与者与所挑选的自然之物面对面，想象一下它的生活是什么样子的，告诉它你最欣赏它的什么地方，想想它可能拥有过怎样的生命经历。参与者在与挑选之物谈心时，可以写下自己的答案，并尝试从它的角度观看生命。植物或动物无法用人类的语言与参与者沟通，需要参与者将它们拟人化，运用想象力去理解、看待它们。

当参与者的选择是岩石、自然地貌或植物时，可以就以下的问题进行交谈：

你几岁了？

你从哪里来？

你一直都是现在这么大吗？

在这里生活，你感受如何？

在你的生命中，你经历过什么呢？

有谁来拜访过你啊？

你对别的生命有什么帮助吗？

别的生命怎么帮助你呢？

你有什么特别的事想对我说吗？

当参与者的选择是动物时，可以就以下的问题进行交谈：

你正在做什么呢？

你住在哪里？

你吃什么？怎么找到你的食物呢？

你对别人的生命有什么帮助呢？

别的生命是怎么帮助你的？

你最喜欢生活中的哪些事物呢？

你到别的地方旅行过吗？

你愿意与别的生命谈谈你自己吗？

参与者也可以不限于这些问题，天马行空地与这些自然之物谈心，但至少要 10 分钟，并在这个过程中记录下你感受到的回答。

（四）案例四：植物的器官

植物有很多器官，大部分可食用，如叶、根、种子等。本活动有助于儿童认识植物的不同器官，并意识到可被食用的植物器官数量惊人。本活动是引入零食或野餐的好办法，可以在天气好的时候开展此活动。

● 活动目标

（1）认识植物的所有器官。

（2）知道植物的哪些器官可食用。

● 材料和工具

（1）绘图纸、记号笔。

（2）各种蔬菜和水果。

（3）刀和砧板，仅供导师使用。

● 活动过程

（1）活动之前，把蔬菜或水果切开，露出种子。

（2）请儿童给植物的不同器官命名。

（3）他们可能会说出不同器官的名字，如茎、叶、花、根、浆果。

（4）在儿童说出植物器官名称时，在绘图纸上画一张植物的大图，便于儿童看到不同的器官。

（5）问问儿童能否想起一些来自这些器官的食物。

（6）在儿童说出自己的想法时，用水果、蔬菜作为植物器官的例子进行展示。如果儿童没有想到或说出某些植物的器官，则展示食物并询问该食物是植物的什么部分，以作提示。

● 提示

以下这些为可以食用的植物器官。

根：胡萝卜、红萝卜、土豆。

茎：芹菜、大葱、菠菜。

鳞茎：洋葱、青葱、大蒜。

叶：菠菜、芹菜叶、长叶莴苣及其他莴苣、球芽甘蓝、卷心菜。

果实和浆果：辣椒、苹果、桃子、四季豆、荷兰豆、西瓜。

花朵：藏红花、金莲花、紫罗兰。

种子：葵花子、南瓜子、黑白斑豆、鹰嘴豆。

向儿童说明还有一些植物器官，可称其为块茎或块根。（不同地区不同季节也可以根据实际情况选择植物进行介绍。）

● 活动延伸

和儿童一起想想哪些植物是纯粹自然状态下的植物器官。如可能，准备这样的植物。

请儿童画出自己最喜欢的可食用的植物，然后标出各器官的名称。

二、国内案例

我国自然教育起步相对较晚，其理论研究、实践成果相对较为薄弱。但我国自然教育行业的发展先于理论研究，自2012年自然教育在我国普及以来，自然教育机构经过自主实践，逐渐形成系列相对丰富、成熟、富有特色的自然教育课程。本节将会介绍三个有特色的课程案例，以供参考。

案例一是广东深圳华侨城国家湿地公园设计的情意自然教育体验课程[1]。华侨城国家湿地公园依托自身资源，结合本土特色，融合中国二十四节气、本土民间节日、五行自然、五德等中国传统文化概念，面向小学低龄段（1~3年级）和高龄段（4~6年级）学生或亲子家庭开发设计了18个本土化的情意自然教育课程。本节将以高龄段（4~6年级）课程为例，进行说明。

案例二是国家林业局湿地保护管理中心和世界自然基金会联合主编的《生机湿地》（中国环境教育课程系列丛书）[2]，其中世界自然基金会是在全球享有盛誉的、最大的独立性非政府环境保护组织之一。本书的课程案例主要是针对湿地开展的，但并不仅限于户外的湿地环境。为了兼顾学校教育的模式和学校教学的有限时间，本书的课程案例均给出了精简版和完整版两种建议，且课程时间也不相同，既可以在校内课程进行教学，也可以在户外的自然环境中进行教学。另外，本书的课程均采用了从"主题"到"次主题"再到"课程模块"的结构进行设计，还注明了模块适宜的目标人群和扩展目标人群等，从小学生到

---

[1] 刘文清.情意自然教育体验课程（4~6年级）[M].北京：中国林业出版社，2020.
[2] 国家林业局湿地保护管理中心，世界自然基金会.生机湿地[M].北京：中国环境出版社，2017.

初中生再到高中生均有适宜的课程，可操作性较强。次主题从"奇妙水世界"到"湿地守护者"，层层递进，主题内涵逐渐升华，从小到大，兼顾趣味性和知识性。本节选取"湿地放大镜"主题中的"自然竞技场"进行分享，由于篇幅有限，游戏只选择了三种进行介绍。

案例三是桃源里自然中心研发的《自然教育在身边：桃源里自然教育中心教案集》[①]，桃源里自然教育中心缘起于阿里巴巴公益基金会支持的"植物达人训练营"，由杭州植物园、阿里巴巴公益基金会、桃源里生态保护基金会联合创建。桃源里自然教育中心致力于打造优质的自然教育众创空间，树立城市型自然中心的典范。桃源里自然教育中心工作人员编写的《自然教育在身边——桃源里自然教育中心教案集》由6个主题共60个教案组成，其中包含学科交叉、时节更替、另眼自然、自然智慧、自然关系和湿地生活等。每个主题包含的内容丰富，且操作性强，在绝大多数的教案中，自然教育导师充当的只是一名引导者和组织者，参与者能很好地发挥自己想象力和创造力。本节分享的教案属于"自然智慧"主题中的"颜色密码"。

（一）案例一：《情意自然教育体验课程》

1. 情意自然教育体验课程说明（见表6-3）

表6-3 情意自然教育体验课程说明

课程说明	本课程面向4~6年级学生及亲子家庭，侧重于情感、身体、知识的发展。本课程共9个主题，分别如下。	
对象	课程名称	时长
亲子	认识湿地朋友	2小时
亲子	情意冬至庆典	1天
通用（学生/亲子）	探访夜晚的湿地	2小时
学生	情意观鸟	2小时
学生	二十四节气之走谷雨·耕食	1天
学生	心湖游学社——诗意自然的悠闲时光： ①藏在大地的力量； ②寻找水中的秘密； ③心湖的日落与月出； ④石头和树的对话	4次课程，每次2小时
备注	1. 每个课程教案包含课程框架及课程附件部分：课程框架提供整体课程的总览，方便组织安排、准备物资等；课程附件提供详细的带领细节，以便导师使用。 2. 每次课程之后均需要做相应的课程评估，包括导师自我评估以及由活动参与者的评估，并带领团队对活动进行总结	

---

① 《自然教育在身边》编委会. 自然教育在身边：桃源里自然教育中心教案集［M］. 杭州：浙江教育出版社，2021.

2. 课程节选：情意观鸟

（1）课程简介。具体见表6-4。

表6-4 "情意观鸟"课程简介

项目	具体内容
目的	①提供孩子接触大自然的机会； ②让参与者体验大自然的喜悦； ③用心感受生命； ④建立和鸟的情感联结
目标	①能看见三种以上的鸟，并描述它们的特征； ②感受与鸟同在的欢乐； ③能够表达鸟给他们带来的感受
主题	情意观鸟
时间	2小时
对象	4~6年级
教学方式	①知觉自然体验； ②小组及团队游戏； ③故事或诗歌； ④美术创作
教学场地	鸟屋及附近
内容（流程、时长）	唤醒热忱：60分钟。 ①西门集合签到； ②致欢迎词（附件1），介绍工作人员、带领导师等； ③介绍入场注意守则、场地守则、活动守则； ④介绍主题概略安排； ⑤预告要起自然名，入场：从西门行走至展厅外木平台； ⑥游戏：自然名称； ⑦打开身心，呼吸练习； ⑧游戏：寻法宝（附件2），30分钟；集中注意力和直接体验，40分钟； ⑨游戏：情意观鸟（附件3）；分享启示：20分钟（附件4）； ⑩画出心中的鸟； ⑪分享总结
物资	笔、签到表、集合的声音/乐器、小木夹、画笔、羽毛若干、望远镜、6种以上常见鸟类的大图片、一本鸟的绘本、卡纸、垫纸板、鸟的故事和鸟的少量知识性资料
评估方法	①通过现场观察评估； ②通过现场分享评估； ③通过画作评估
备注	提前准备一些道具，头冠或者手杖。或者其他挂在身上的饰品，来呼应课程主题和内容，比如羽毛头冠

（2）课程附件。

【附件1】欢迎词

欢迎小朋友们来到湿地，之前有来过吗？你带着怎样的心情过来的啊？

带上你的好心情，和我打个招呼，打个特别的招呼：用你的眼神和我的眼神打个招呼。

【附件2】寻法宝

其实，观鸟需要用到一些特别的法宝。请大家猜一猜要用到什么？到底会用到什么呢？我也不知道。有人把这些法宝藏起来了，如果你能找到就知道了。

我只知道法宝被藏的区域，从这儿到那儿（带领时说具体区域），具体位置我不知道，就看大家能找到什么了。现在开始寻找吧！

[目的]

唤醒团体好奇心及对鸟的热忱，舒展身心。

[场地]

适合藏法宝的区域。

[物资]

羽毛若干、双筒望远镜、6种以上常见鸟类的大图片、一本鸟的绘本。

[操作]

● 事先将收集到的羽毛、双筒望远镜（可只藏部分）、常见鸟类图片、一本鸟的绘本藏在自然环境中。

● 记下法宝数量。

● 邀请孩子们寻宝。

● 确定所有法宝都被找到。

● 讲解各种法宝的来历及使用方法。

[调协]

● 引入一个游戏，可以多用提问法。

● 在找的过程中根据实际情况把握是否要给提示。

[总结]

这些羽毛是谁的呢？

我们能遇见图片里的这些鸟吗？

【附件3】情意观鸟

[引入]

去看就知道啦。

[物资]

每人一个双筒望远镜。

[操作]

- 分组观鸟，每人领取一个双筒望远镜。
- 观察鸟使用的三种感官：眼睛、耳朵、心（感觉）。
- 观察鸟的形状、颜色、声音、个性（如活泼、悠闲、行动快或慢）等。
- 活动前叮咛：静行不说话，专注，留心。

[调协]

- 若有人第一次使用双筒望远镜，可能需要点时间来适应。
- 可以先从一些比较容易看到和观察的水鸟开始。

[总结]

现在身体有什么感觉啊？心有什么感觉啊？有什么启示吗？

观鸟的时候，有没有试想过如果你是一只鸟，你会怎样看这个世界？

如果你就是你刚刚看到的鸟，你会喜欢待在哪里？会看到什么样的世界？会在这里做什么？

被你观察的鸟有没有发现你在观察它啊？

如果你是一只鸟，你会是怎样的鸟？你希望成为什么样的鸟，大的还是小的？

【附件4】分享启示

- 画出心中的鸟。

刚刚观鸟好玩吗？

鸟儿们是不是很有趣呢？

你最喜欢哪只鸟呢？

如果让你创造出一只鸟，你心中的鸟是什么模样呢？

现在邀请每个小朋友创作绘画，画出心目中鸟的模样。

- 分享、展示画作。

（画画时间结束后。）

用声音/乐器集合大家：

请我们所有人围成一个大圆圈。

并把自己的画作放在我们的前面，让所有画也围成一个圆圈。

我们一边在圆圈里走动一边欣赏其他人的画。（走动、欣赏中。）

有没有谁的鸟和你的很相似?

哪只鸟是你最喜欢的?(走完一圈,每个人回到自己最初的位置。)

用手指出你最喜欢的一张……

最多人指的是哪一张?

最多人指的画,它的主人是谁?邀请他跟我们分享一下他心中的……

有没有人特别想要分享的小伙伴?(3个名额也可直接邀请需要被鼓励的小朋友来进行分享。)

[调协]

● 分享时注意让那些认真投入的成员先说,可给其后分享的人带来正面积极的影响。

● 不妨嘉奖一下那些全程都能安静、专注观鸟的小孩。

[整体总结](含小孩及带领者)

● 问候大家此时此刻的心情/感受。

● 带领者读一首关于鸟的诗,分享一个带领者与鸟互动的真实有趣或有情意的故事,也可唱一首歌。带领者可任选其一。

(二)案例二:《生机湿地》

1. 课程模块(见表6-5)

表6-5 《生机湿地》课程模块

次主题	模块名称	适宜季节	活动时长（分钟）	主要目标人群	扩展目标人群					
					1	2	3	4	5	6
奇妙水世界	奇妙的水	春、夏、秋、冬	45~90	小学生		√	√			√
	神奇的湿地	春、夏、秋、冬	45~120	初中生	√		√	√	√	√
湿地放大镜	自然竞技场	春、夏、秋	50~150	小学生		√	√	√	√	√
	餐桌上的湿地植物	春、夏、秋	50~90	小学生		√				√
	飞羽寻踪	春、秋、冬	45~90	小学生		√	√			√
	中华鲟洄游之路	春、夏、秋、冬	45~90	初中生	√		√	√	√	√
湿地与我们	稻乡	春、夏、秋、冬	50~90	小学生		√	√			√
	四季渔场	春、夏、秋、冬	45~80	高中生		√		√	√	
	湿地探索家	春、夏、秋	60~120	初中生		√	√		√	√
湿地守护者	湿地规划师	春、夏、秋、冬	50~90	高中生		√	√	√		
	不速之客	春、夏、秋、冬	45~90	高中生	√	√				√
	我的水足迹	春、夏、秋、冬	45~80	高中生	√	√	√		√	√

人群划分:①小学生;②初中生;③高中生;④大学生;⑤成人;⑥亲子家庭。

2. 案例二课程节选：自然竞技场

课程简介见表 6-6。

表 6-6 "自然竞技场"课程简介

适宜季节	春、夏、秋
活动时长	50~150 分钟
授课对象	小学生
授课师生比	1∶3∶20~30（主讲人数∶助教人数∶学习者人数范围）
授课地点	室外湿地环境
辅助教具	不透明的容器瓶若干、有气味的自然物、扇子、萝藦或芦苇的种子、动物卡片、植物种子、不透明的玻璃或铁质密封容器、荷叶、水桶、湿地相关的自然物、纸盒或布包、蒙眼罩（非必需）
知识点	湿地的生物多样性；生物的适应性；动植物的外形辨识

【教学目标】

提升对周边自然环境的感知力和探索自然的好奇心；学会使用五官感受和欣赏湿地生物的多样性与美丽；理解生物适应性的概念；了解湿地植物和动物辨识的基本方法；认同保护自然界生物多样性的重要性。

【涉及《中小学环境教育实施指南（试行）》中的环境教育目标】

环境意识：欣赏自然的美；运用各种感官感知环境和身边的动植物。

环境知识：列举各种生命形态的物质和能量需求及其对生存环境的适应方式。

环境态度：尊重生物生存的权利。

技能方法：学会思考、倾听、讨论。

【与《课标》[①]的联系】

小学科学：珍爱生命；能从自然中获得美的体验，并用一定的方式赞美自然美；了解更多的植物种类，感受植物世界的多姿多彩；养成爱护花草树木的习惯；知道生活中常见动物的名称。能用不同标准对动物进行分类；观察植物的外形，并将观察结果和它们的生活环境建立联系；能用感官判断物体的特征，如大小、轻重、形状、颜色、冷热、沉浮等，并加以描述；能根据特征对物体进行简单分类或排序。

【核心素养】

审美情趣、理性思维、乐学善学、勤于反思、珍爱生命、健全人格、自我管理、社会责任。

---

① 《课标》指本书根据《全日制义务教育科学（3~6 年级）课程标准（实验稿）》《义务教育生物学课程标准（2011 年版）》《普通高中生物课程标准（实验稿）》和《全日制普通高中地理新课程标准》整理并筛选出与湿地环境教育相关的内容。——作者注

【知识准备】

生物的适应性、植物的自卫、种子的传播、植物对环境的适应。

【活动流程】

（1）引入：5~10分钟。

①开场介绍。

②导师以提问的方式询问学生对所在湿地环境的了解，从而引出活动主题。激发学生的兴趣，通过游戏、竞技的方式使学生加深对自然的认识。

③进行分组，每组8~12人为宜。每组设1位组长，并配备1名助教，负责为所在队进行计时、分数统计、维持秩序规则、安全维护等工作。

（2）构建：10~15分钟。

①导师通过询问的方式，由学生回答人与猴子的关系，请学生着重说明不同。

②从人与猴子的区别分析中，引出"生物适应性"的概念，强调身边的每一种生物在地球上生存，都有它的生物适应性特征。

③提出活动任务，邀请学生在自然竞技活动中共同探索生物的适应性特征。

④以提问的方式使学生思考探索的方式。在学生回答之后，着重介绍五官感受的探索方式。并要求学生在游戏中思考五官感受到了什么，以及动植物为什么会有如此丰富的多样性。

（3）实践：15~90分钟。

①介绍游戏项目和规则。给每组5分钟时间，进行组内熟悉，组长负责和助教进行任务交流和问题沟通。

②导师向学生征集活动注意事项，并加以补充，包括现场秩序、竞争原则、安全事项等。

游戏一：闻香识自然

【规则】

每组助教取出3个不透明的容器，每瓶内已事先装有1种所在区域内可以寻找到的带有特殊气味的自然物，如樟树树叶、土壤、艾草、薄荷、香蒲的花等。

依次取出，邀请各组队员闭眼闻嗅，然后凭借嗅觉记忆，在现场找到实物，并将助教带去发现位置进行确认。活动结束，打开瓶盖，揭晓答案。鼓励学生用语言描述自然物的气味，并分享游戏经验。

【评分】

在5~10分钟内找齐所有实物（活体实物还可以用拍照的方式收集）。第一名得5分，第二名得 4 分，依次类推。

游戏二：风神应聘会

【规则】

导师选择一种生活在湿地边、依靠风媒传播的植物，如萝藦或者芦苇种子。取出准备好的种子，说明该种子的特点。各组拿到 6 枚萝藦种子或 6 团芦苇的种子，要求每组学生两两配对，依次用扇子将种子从 A 传递到 B 点（距离约 10 米）。成功送抵一枚，才可以进行下一枚的护送工作。活动结束，可邀请学生分享护送种子的经验。

【评分】

各组需同一起点、时间开始比赛。成功送抵 1 枚，得 1 分。

游戏三：种子排排坐

【规则】

每组获得 5 个不透明的玻璃或铁质密封容器，每个容器内已装有一种植物种子。5 种种子大小、硬度各异。（种子填充时容器不宜过满，摇晃容器时能够分辨出种子间摩擦的声音差异。）每组队员根据声音的差异，找出瓶内最大和最小的种子。活动结束后，助教打开所有瓶盖，揭晓结果，鼓励学生分享心得经验，随后导师向学生展示种子的植株照片，要求学生尝试找出对应种子的名称。再观察每种种子的形态，用启发式问答法，请学生回答声音差异的原因。

【种子选用建议】

可选择与湿地主题相关的当地植物种子或加工过的种子。可在超市购买也可在野外采摘。

【评分】

所有组同时开展比赛。若能正确找出最大和最小的小组得 5 分，若只找对其中一种得 3 分，没有找到不得分。

【特别说明】

以上游戏根据季节、人数、时长进行选择，无须一次将每个游戏都完成。

每个环节结束后，导师应组织简短的分享和讨论，启发学生思考游戏背后的知识和原理，体现游戏的教育内涵。

所有项目比赛后的分值累积为最后的比赛成绩。

分值设置可以根据组别的多寡进行相应调整设定。

（4）分享：15~30 分钟。

①游戏完毕，对比赛结果进行宣布，并评价各组的表现。导师也可以准备小奖品进

行颁奖。邀请每组成员分享五官体验的感受,在游戏中想要感谢的伙伴。导师还可视情况对表现突出的学生进行个别鼓励。

②导师提醒学生思考游戏开始时的任务,启发同学分享活动中的发现。

闻香识自然:植物为何会有不同的气味?

风神应聘会:萝藦的种子为什么会飞?还见过和它一样依靠风传播种子的植物吗?风传播种子有什么好处?植物还有其他办法吗?强调这是生物演化过程中的适应性表现。

种子排排坐:可回顾种子的形状、植物的名称,并介绍该植物在湿地中存在的位置、扮演的角色。

③启发学生认识湿地中丰富多样的物种,以及物种多样性的原因之一是生物适应性的结果。对一个生态系统而言,物种多样化可以在外界环境突发变化时,还能保证有相应的生物可以适应并生存下来,借此让学生意识到保护物种多样性的重要性。

④导师还可以提一些问题,启发学生深入思考。如:

每个人五感的结果是一样的吗?为什么?

今天你有收获吗?最大的收获是什么?

除了比赛成绩,你还想到了什么?

这些游戏的设计中,隐含了哪些自然的智慧?对我们的生活有什么启示?

你能想到哪些自然原理或知识,可以设计为寓教于乐的自然游戏?(竞争、共生、捕食等。)

(5)总结:5分钟。

①通过提问的方式,逐一回顾今天的游戏内容,用了哪些方式感受自然。

②回顾游戏中的知识点。

③用举例的方式总结湿地中动植物的多样性,包括种类、栖息生境的多样性。

(6)评估。

①提升了对周边自然环境的感知力和探索自然的好奇心。

②能欣赏湿地的多样性和美感。

③能举例说明生物适应性的概念。

④能举例说明动植物辨识的基本方法。

⑤认同保护自然界生物多样性的重要性。

⑥在活动中,学生之间能互相合作,发挥彼此优势,共同寻找解决方案。

⑦能尊重游戏规则,争取理解竞争的含义。

（7）拓展。

①深度拓展：每个小活动，也可作为其他课程的开启活动，帮助引入活动主题，激发学生的热情。可以人为观察对象，了解人类在漫长的演化中发展出哪些适应性的特征。

②广度拓展：可以要求学生设计一个自然游戏，与同学分享和体验。

（三）案例三：《自然教育在身边》

1. 课程总体介绍

本课程将30个教案分成了6个主题，分别是学科交叉、时节更替、另眼自然、自然智慧、自然关系和湿地生活，30个教案在内容上都尽可能贴近公众的生活，能够帮助使用者在生活中开展自然教育。具体见表6-7。

表6-7 《自然教育在身边》课程主题

主题	教案节选	说明
学科交叉	1. 自然中的乘法； 2. 声音的形状； 3. 积木森林； 4. 自然美术； 5. 自然笔记鉴定师	分别从不同学科的角度引入，主要目的在于引发参与者的兴趣，推动由此及彼的发问和后续的自主探索
时节更替	1. 诗人吟秋； 2. 听见冬天； 3. 清明到； 4. 谷雨搬运工； 5. 立夏瞬间	提供部分节气的教案参考
另眼自然	1. 生命的距离； 2. 蜂之视界； 3. 空中之城； 4. 植物的一天； 5. 植物的根	大胆地从人的角度揣测自然中的生命，并且承认这种揣测存在误差
自然智慧	1. 水到渠成； 2. 颜色密码； 3. 攀爬高手； 4. 果实躲猫猫； 5. 种子的智慧	展现自然中多种生命的生存办法
自然关系	1. 隐形鸟； 2. 蝙蝠与它们； 3. 年轮的秘密； 4. 年轮的透视眼； 5. 植物部落	展现自然中多种生命和非生命体之间的联系
湿地生活	1. 湿地是谁； 2. "鼻子"在哪里； 3. 气体流通的迹象； 4. "嘴巴"在哪里； 5. 能量的流动	展现与湿地相关的教案

2. 案例三课程节选：颜色密码

课程简介见表 6-8。

表 6-8 "颜色密码"课程简介

活动目标	觉知目标：留意身边花朵的颜色； 知识目标：了解花朵颜色布局的智慧； 态度目标：尊重自然环境； 技能目标：提升团队协作、自主探究、表达等技能； 行为目标：遵守"无痕山林"原则，减少对周边自然环境的影响	
活动对象	小学一年级及以上学生	
活动时长	1.5 小时	
活动内容	认识伙伴：介绍自己或自己的自然名	15 分钟
	颜色密码：根据线索寻找花朵，探索花朵颜色布局背后的原因	35 分钟
	设计一朵花：画一朵能吸引昆虫找到花蜜的花	30 分钟
	分享总结：分享活动感受并道别	10 分钟

（1）单元一：认识伙伴。

单元目标：认识伙伴，引出主题。

活动场地：可以围圈的地方。

活动时长：15 分钟。

活动流程：请参与者围成圈，介绍自己或自己的自然名，也可以两个都介绍。同时，请参与者分享让自己印象深刻的花朵，以及印象深刻的原因。

（2）单元二：颜色密码。

单元目标：留意身边花朵的颜色（觉知目标）；了解花朵颜色布局的智慧（知识目标）；尊重自然环境（态度目标）；提升团队协作、自主探索、表达等技能（技能目标）；遵守"无痕山林"原则，减少对周边自然环境的影响（行为目标）。

活动场地：花朵比较丰富的地方。

活动时长：35 分钟。

活动用具：密码线索卡、比色卡。

活动流程：

①请参与者结合比色卡完成密码线索卡上的任务，找到每段密码对应的花朵。

②请参与者注意每朵花上各种颜色的分布位置，完成花朵 1 至花朵 3 的解码。

③请参与者自行选择花朵，对应线索卡中花朵 4 至花朵 5，为它们编上密码并标明花朵的位置。

④请参与者两两组合，互相寻找对方编了密码的花朵。

⑤把参与者分成若干个 2~3 人小组，请各组讨论以下问题：花的各种颜色分别在花的什么位置？花朵这样搭配颜色，对来采蜜的昆虫有什么帮助呢？

（3）单元三：设计一朵花。

单元目标：巩固认识。

活动场地：方便写、画的地方。

活动时长：30 分钟。

活动用具：彩笔、A4 纸、写字板。

活动流程：

①请参与者画出一朵花，并思考这朵花用什么来指引昆虫找到花蜜。

②请参与者展示自己所画的花，并说明其指引昆虫找到花蜜的方法。

（4）单元四：分享总结。

单元目标：回顾总结。

活动场地：同单元一。

活动时长：10 分钟。

活动流程：请参与者围成圈，分享活动感受以及道别。

# 第七章 营地和基地教育

一、营地教育背景

营地教育兴起于美国,在19世纪末期,伴随着社会发展,城市化进程的加快,人与自然的关系日渐割裂,在繁忙的工作之余,野外露营成为人们重返自然锻炼身体、游憩放松和亲朋共聚的不二之选。孩子的参与更是为野外露营拓宽了功能属性,营地教育也随之而生。1998年,美国营地协会(American Camp Association,ACA)首先提出,所谓"营地教育"是指在户外集体生活的情境下,基于自然环境的感知体验以及领导力的训练,帮助营员实现身心以及社交等方面的提升,兼具娱乐性、创造性和教育性的教育活动[1]。通过体验式教育的形式,倡导在自然中学习,在团队生活、户外生活中锻炼,实现人与自然的和谐共处[2]。营地教育的场所、主张、形式虽不同于传统学校教育,但同样包含着营地教育所相对应的目标、内容及支持条件,从学习发生的链路角度来看,营地教育仍属于有目的、有组织的教育,但在学习过程中更强调在营地所创造的各种户外情境载体中,学习主体的自主感受以及教育的自然发生。营地教育相关概念,见表7-1。

表7-1 营地教育相关概念

名称	含义
住宿营	住宿营是指要求营员在场地里居住一段时间的营地。有永久性的建筑,尽可能保持自然状态的周边环境,远离主要道路,以提供隐私和自由
日间营	日间营的营员每天往返于家与营地。营地期通常从1天到5天不等
旅游营及旅行营	参加旅行露营的露营者从一个共同的基地出发,通常每晚在一个新的地点露营。旅游营会使用独木舟、自行车、帆船、马车,或其他的自行式交通工具;而旅行营多使用汽车
专门营地	相比于一般营地提供包括户外技能、游泳、自然学习、艺术和手工艺等全方位的项目,专门营地只专注于一项或几项活动来为那些有特殊兴趣或需要的人服务

---

① American Camp Association. About ACA [EB/OL]. [2022-10-25]. https://www.acacamps.org.
② International Camping Fellowship. The objectives of the ICF [EB/OL]. [2022-10-25]. https://icfconnect.net/about-icf/.

续表

名称	含义
校园营地	校园营地是户外教育的一个方面，一般包括一个或多个班级、他们的导师和其他人员到一个常规营地的野营旅行
会议及休息中心	许多提供住宿营地项目的设施在夏天或其他时间也可以作为会议中心。一些住宿营地会提供营地活动以外的项目

二、营地教育相关研究

从国外相关研究来看，大致可以分为两类，一类侧重于营地本身的建设发展研究，研究角度为设施舒适度、青少年在营地规划中的重要性[1]、营地成果质量研究、营地业务与运营研究、营地选址研究、营地人员配备研究等[2]，多由美国营地协会主导开展；另一类则侧重于研究营地体验对个体发展的影响，例如营地活动对青少年心理健康、父母认知变化等带来的影响。其中针对青少年的研究占绝大部分，大致可分为普通青少年和问题青少年两类群体。迪莫克（Dimock）和亨德里（Hendry）通过对青少年参加森林露营地活动前后的行为变化的跟踪研究，首次关注了露营地教育功能的效果。研究结果显示，社交能力、独立性、勇于尝试新事物为露营教育功能的主要效果[3]。穆茨（Mutz）和梅勒（Mvller）通过实证研究，针对普通青少年户外教育活动的潜在心理收益问题，得出成功的体验对个体提升主观幸福感和自我价值的构建呈正相关[4]。从教育功能构成的角度来看，格罗夫斯（Groves）等将营地教育功能的体现主要归结为自我积极体验、健康信仰和自我认知三大层面[5][6]，密契尔（Mitchell）和迈尔（Meier）通过文献整理，认为露营地教育功能由四大方面的效果组成，包括心理效果、社会效果、教育效果和身体效果[7]。从教育体验的角度来看，斯坎林（Scanlin）认为营地教育体验主要

---

[1] Marianne Bird, Aarti Subramaniam, University of California. The impact of empowering teens in camp program delivery [R/OL]. (2019-06-29) [2022-11-02]. https://icfconnect.net/wp-content/uploads/2019/06/the-impact-of-empowering-teens-in-camp-program-delivery.pdf.

[2] American Camp Association. Research & evaluation [EB/OL]. [2022-11-01]. https://www.acacamps.org/research/our-research.

[3] DIMOCK H S, HENDRY C E. Camping and character: a camp experiment in character education [J]. American Journal of Psychology, 1931, 43 (2): 325.

[4] MUTZ M, MVLLER J. Mental health benefits of outdoor adventures: results from two pilot studies [J]. Journal of Adolescence, 2016, 49 (C).

[5] GROVES D L, KABALAS H. Self-concept outcomes in a resident camp group setting [J]. Journal of the Association for the Study of Perception, 1976 (11): 11-15+29-30.

[6] MARSH H W, RICHARDS G E, BARNES J. Multidimensional self-concepts: the effect of participation in an Outward Bound Program [J]. Journal of Personality & Social Psychology, 1984, 50 (1): 195-204.

[7] MITCHELL A V, MEIER J F. Camp counseling: leadership and programming for the organized camp [M]. Saunders College Publishing, 1983.

围绕社交和团队精神、自我认同与自我肯定、挑战自身体力与能力、强健体魄和心智、提升运动技能、心智成长、学习社交技能、学会乐于助人等9大体验[①]；从教育反馈的角度来看，通过"地球教育夏令营"（Sunship Earth）[②]营地教育反馈不难得出，营地教育有助于扩大参与者对环境问题和行动的理解，在增强对环境的关心、兴趣和责任感方面有实际意义。而对另一部分问题青少年，美国国家露营地评估项目曾做过一项为期3年的全国性调研。调研对象包括50%有心理疾病的青少年、25%有身体残疾的青少年和25%有其他问题的7~21岁的特殊青少年。调研结果发现，参加过露营地活动的青少年的自尊、独立、交流和自愈能力都有相应提升。研究揭示，露营地活动可以促进青少年的健康和发展，减少上述问题再发生的次数[③]。哈普尔（Harper）则进一步对问题青少年儿童的荒野治疗、治疗性露营和探险教育进行了综述性研究，针对自然环境下对儿童心理发展的正向补偿机制，提出青少年需要更多户外探险的实践主张，并论证治疗性露营与户外探险活动的联系[④]。加西亚（Garcia）等通过对四年级药剂学学生在6~18岁患有1型糖尿病儿童夜间夏令营的护理活动舒适感研究，间接强调了露营可以满足在专业人员的保护下患有慢性病的儿童在情感、社交和发展方面的需求。医学专业露营地为身体有缺陷的儿童提供了自然教育场所[⑤]。

从国内研究来看，自21世纪初全国开始建设学农基地和体验实践营地起，各类娱乐拓展型、升级农庄型、军事素养类青少年营地应运而生[⑥]。国家体育总局明确提出，营地服务青少年不能以谋取金钱为目的，只能适当收取一些费用，以维持营地的自我运行和自我发展。胡庆才提出构建青少年营地教育的运营模式需从营地的课程体系、营地导师的综合素质、规范营地的运营体、营地风险管理、建立营地客服团队以及构建营地会员管理系统等方面进行研究，认为建立青少年教育营地，首先要根据市场进行可行性分析，其次通过分析进行前期规划，最后结合两点构建青少年教育营地运营模式[⑦]。

整体来看，无论是从行业发展实践层面，还是从理论研究层面，营地教育均尚未形成规范贯通的支撑体系，建设规划、管理服务、课程输出等整体水平参差不齐。不少学

---

① SCANLIN M. What is camp about? campers share their opinions. [J]. Camping Magazine, 2001, 74: 29-31.
② CHEESEMAN A, WRIGHT T S A, MURRAY J, et al. Taking stock of sustainability in higher education: a review of the policy literature [J]. Environmental Education Research, 2019 (3): 1-16.
③ BRANNAN S. The national camp evaluation project [J]. Camping Magazine, 1997 (1): 5-6.
④ HARPER, N J. Wilderness therapy, therapeutic camping and adventure education in child and youth care literature: A scoping review [J]. Children & Youth Services Review, 2017, 83: 68-79.
⑤ GARCIA P L, PERESTELO P L, SERRANO A P, et al. Effectiveness of a psychoeducative intervention in a summer camp for children with type 1 diabetes mellitus [J]. Diabetes Educator, 2010, 36 (2): 310-317.
⑥ 杨成. 历奇教育 [M]. 广州：广东人民出版社，2007：2-3.
⑦ 胡庆才. 青少年教育营地运营模式发展对策研究 [J]. 青少年体育，2018，61 (5): 22-23, 29.

者通过比较研究，剖析中外营地发展，针对不同阶段本土化营地教育发展历程中所折射的问题展开探讨。在初级阶段，绝大部分营地并不具备课程计划，也无针对性的活动安排，所有对个体的影响均是自发的、随机的、不可控的，仅停留在浅层的体验、休闲、娱乐上，并不能够体现营地的教育属性[①]。

三、自然教育营地与基地

1. 自然教育营地

结合本土化的发展现状，自然营地教育是在特定的自然环境或经人为改造的户外场域内，能够满足"学、住、食"的基本需求，通过集体露营活动、体验式教育等形式，有组织、有目的地为实现个体综合素质的全面协同发展，并在人与自然的交互中，逐步实现良性共生关系的构建，从个体内在的发展迁移到个体与环境的辩证发展。儿童自然教育营地的设计初衷是为城市儿童提供一片以自然为主的游戏和活动的空间，缓解城市儿童的"自然缺失症"，修复儿童与自然之间的隔绝，促进儿童身心的健康发展。

2. 自然教育基地

参考《中央专项彩票公益金中小学生校外研学实践活动项目资金管理办法》中对营地及基地的认定划分，基地与营地在本质上并无根本区别，仍然是以教育为核心在自然环境下所衍生出来的空间载体，满足研究性学习和实践活动的需求。但从硬件设施要求规范的角度来看，营地相较于基地有较高的要求，需要具备提供与"食、住、行"等基本需求相应的保障设施设备。

自然教育基地的主要功能是开展科普教育活动。针对森林环境中不同的动植物生境资源类型、丰富和完善的生态系统，设计针对性强、凸显不同动植物特色的场地和自然教育内容体系，满足不同年龄段的科普教育需求。充分发掘森林感知特点，营造不同类型植物园、药草园、可食用花园等特色环境类型和科普展览馆等自然教育设施，设计自然教育小径、感知体验步道、观景步道等，并配套相关科普解说系统，使参与者在科普教育活动中认知自然、感悟自然[①]。

3. 类似空间辨析

与传统儿童户外空间相比，自然教育营地或基地都是致力于为城市儿童提供消极或者积极的恢复功能机会的花园，重点是从生理、心理两个方面关注儿童整体的健康。自然教育营地、基地不仅能够提供一个良好的户外活动的环境，还能够帮助城市儿童消除一些负面情绪和状态，促进其身心的恢复，引导其健康地成长。在景观构成方面，传统

---

① 李凌.青少年户外体育营地的教育理念与课程设置[J].西安体育学院学报，2009，(5)：618-621.

的儿童户外活动空间通常以儿童游戏活动为主，硬质和设施化的景观要素占主导地位。而在自然教育营地、基地，由于其以康复花园设计理论作为指导，注重景观的恢复性功能，将城市儿童从硬质的城市景观中解放出来，以自然要素营造模拟自然的活动环境，并运用各种天然要素创造活动空间和对象。

与康复花园相比，自然教育营地、基地不依附于医疗场所、康复中心等其他功能建筑，可以独立存在，不仅能够帮助城市亚健康儿童身心得以恢复，更是在倡导儿童健康生活模式，其游戏性、娱乐性等方面的建设都有更高的标准。

四、自然教育营地案例

1. 大地之野天空之城国际青少年营地

2016年成立的大地之野是天目山国家级自然保护区的一所自然学校，天空之城是其营地。大地之野以天目山保护区丰富的本地资源为基础，将生态文明宣传和自然教育实践有机结合，探索出一条保护地实施自然教育的特色道路。它致力于为少年儿童提供沉浸式的跨学科情境教育，并作为体制教育的拓展补充，为中小学提供一站式的研学实践和综合服务。

目前，大地之野在硬件设施和软件配备方面都较为完备。大地之野拥有上万平方米的自持营地，教学区和生活区面积约有8800平方米，能同时容纳300人住宿。同时，有45名科普专职人员，包括建立了由日本、北欧国际前沿的自然教育名师与国内一流大学教授组成的常设顾问专家库，建立了具有环境教育、户外、艺术等多领域多项认证资格的全职专业导师团队，强大的顾问专家库和全职专业导师团队为营地开展各项自然教育活动奠定了坚实的基础。

大地之野的自然教育课程体系以体验式和探究式学习为教育路径，以培养自然科学素养和认知世界与拥抱世界的能力为核心教育目标。根据在地自然资源，大地之野面向3~12岁儿童已开发出上百种课程，并提炼出30余种精品课程，现有课程可分为自然活动、自然课程和研学课程三个维度，在横向层面，课程包含植物、动物、自然物资、自然现象和自然整体等主题；在纵向层面，根据儿童的成长规律和认知发展水平，课程难度呈螺旋式进阶，课程内容和目标也会根据参与者的年龄而调整。总体而言，作为以自然保护地为基地的营地，大地之野的各类教学与生活设施较为完备，能满足日常大规模营地活动需求；课程体系成熟，涵盖内容广泛，能根据参与学生的年龄差异选择不同难度的课程；运营团队及人才储备充足，能够支撑营地开展高质量的课程活动[1]。

---

[1] 李卓华. 天空之城"趣"享自然［J］. 浙江林业，2022（6）：34-35.

2. 巴厘岛绿色营

绿色营（Green Camp）是位于巴厘岛的绿色学校，它被誉为世界上最绿色、最具创新性的校园之一。绿色营全年运营，能提供短期和长期的营地活动，致力于为儿童、家庭、学校团体和公司提供一系列有趣的活动。营员们通过一系列旨在激发不同需求、技能及乡村生活的实践活动，在身体、智力和情感上受到挑战，并在活动中深入了解和欣赏大自然的多面价值，增强其作为年轻"绿色领袖"的信心。

绿色营最突出的特点之一就是"绿色环保、崇尚自然和可持续性发展"，营地的房子几乎都是用茅草和竹子搭建的，就连桌椅也都是由竹子或当地木材制成的。整个营地占地约10万平方米，周围环绕着茂密的森林和有机农场，广阔的户外环境支持营地开展各式各样的自然活动。这里的一切，似乎都与喧嚣的都市和现代化的发展无缘。在这里，营员能学习农业、园艺、艺术甚至渔猎方面的知识，最与众不同的是参与营地活动的营员能亲身体验种植与收获的乐趣，能在田园诗画般的自然环境中，深入学习和当地自然、文化相关的知识。

绿色营细分为家庭营（family camp）、儿童和青年营（kid & youth camp）以及学校营（school camp），以"寓教于乐，寓教于生活"为教育理念，以可持续发展教育（sustainability education）、跨文化欣赏（intercultural appreciation）、个人与社会发展（personal & social development）和基于自然的学习（nature-based learning）为主要教学内容，课程体系以打造根植本土和自然的文化体验为核心，创始人希望能通过这种教育理念传达他们在教育上非营利的、可持续的理念。营员在营地活动中学习生活必备的技能，注重人与自然的和谐共处，通过这种教育方式和教育理念培养出的孩子，从小就会有一种对土地热爱和与大自然亲近的情感①。

五、自然教育基地案例

1. 丹霞山自然教育基地

丹霞山位于广东省北部山区，北江上游，南临粤港澳大湾区，北边靠近江西省和湖南省，地处粤湘赣三省交界，是连接粤湘赣的重要通道，主要辐射广东省、湖南省和江西省等省份。丹霞山自然教育基地的场地总面积为292平方千米，控制总面积为373平方千米，开放游览面积12平方千米。依托丹霞山丰富而独特的丹霞地貌地质文化资源、自然生物群落、历史人文资源等系列资源基础，以自然教育、环境教育为导向，建设中国乃至世界自然教育品牌，丹霞山自然教育基地的建设，实现了丹霞山从世界级的"科

---

① Green Camp. About Us [EB/OL]. [2023-09-22]. https://www.greencampbali.com/.

学名山"向世界级的"教育名山"转变。

丹霞山的自然教育客群市场的分析，以客群地理空间分布和市场辐射程度进行三个层级的划分，分别为核心市场、周边市场和重点市场。其中，核心市场主要为韶关市内的研学市场；周边市场以郴州市、赣州市、清远市和河源市为核心；重点市场是粤港澳大湾区。

丹霞山自然教育基地以丹霞山风景名胜区为主要载体，其中包括丹霞山世界地质公园、丹霞山核心景区和阅丹公路及其主要的村落，以丹霞山管委会和其他自然教育营地机构为核心运营管理机构，整体规划为着力构建"一个自然教育基地、五个自然教育之家和二十六条自然教育径"的丹霞山自然教育空间发展新格局。配套一支自然教育导师队伍，以及其他自然教育活动设施，提供丹霞地质地貌研学、植物研学、历史文化研学、昆虫研学、天文研学、鸟类研学、劳动教育等多形式、多元化的自然教育研学课程体系。

丹霞科普研学实践中心是丹霞山自然教育基地最核心的自然教育节点，主力开展丹霞山地质地貌自然教育。项目实体主要依托现丹霞山游客服务中心进行改造，结合丹霞山博物馆等配套设施打造集室内教学课室、室外主题活动场地于一体的综合型研学教育基地，并定期开展研学课程。

以丹霞科普研学实践中心为"点"，以自然教育径为"线"，带动丹霞山自然教育的全"面"发展。丹霞科普研学实践中心依托丹霞山世界自然遗产地的独特自然资源，结合资源特色开发了9条科普研学线路、3条主题性科普教育径，研发整理了主题特色课程200余套，涵盖丹霞山世界自然遗产地的地质地貌、生态多样性、人文历史、星空气象、乡村文化、劳动实践等多个方向。

2. 鼎湖山国家级自然保护区自然教育基地

鼎湖山国家级自然保护区（以下简称鼎湖山保护区）建于1956年，是我国第一个自然保护区，1979年成为我国首批加入联合国教科文组织"人与生物圈计划"（MAB）的世界生物圈保护区，1998年被国家环保总局确认为国家级自然保护区。鼎湖山保护区位于粤港澳大湾区的肇庆市，面积1133公顷，主要保护对象为典型地带性森林植被——南亚热带常绿阔叶林，该森林具有400多年保护历史，被誉为"北回归沙漠带上的绿色明珠"。这里生物多样性富集度高，是名副其实的"活的自然博物馆"和"物种宝库"。除此之外，鼎湖山保护区是唯一隶属于中国科学院的自然保护区，由中国科学院华南植物园负责管理，是中外重要的科研基地。

基于丰富且独具特色的自然资源以及中国科学院华南植物园多年来高水平的科研积

累，鼎湖山保护区在自然教育的内容、课程、人才、基地、受众以及未来发展方面，日渐形成了自然教育的"鼎湖山模式"。其最大的亮点在于聚焦挖掘本土特色资源，结合相关科研成果，从不同维度解说世界的鼎湖山、科学的鼎湖山和人文的鼎湖山的意义和内涵。基于本土资源以及科研成果开发的"'碳'究鼎湖山 低碳建未来""认识防火植物——荷木"等课程就是典型的代表，它们聚焦本土资源，兼具科学性和趣味性，将科研成果切实转化为了自然教育的内容。聚焦本土不是局限本土，聚焦本土的目的是与本地自然资源相契合，也更贴近公众的实际生活，鼎湖山保护区希望将内容化为星星之火，达到以点带面的"燎原"作用。

打造具有鼎湖山保护区特色的课程品牌和体系是自然教育可持续发展的重要一环。目前，鼎湖山保护区以"科学展自然，自然促科学"的理念，建有"小小科学家成长之路"的课程培养体系，还出版了《鼎湖山探究式自然教育课程（初级版）》，为导师和家长提供具体的自然教育思路和实际案例。人才是自然教育高质量发展的保障，鼎湖山保护区素来重视自然教育人才队伍的建设，日渐形成了以专业队伍为主，科学家和志愿队伍为辅的模式。现有6名人员专业从事自然教育工作，涉及植物学、生态学、教育学和园林等学科，是鼎湖山保护区开展自然教育的主要力量。完善的基地建设是助力自然教育有序开展的基础，也是提升教育活动质量的重要途径。近年来，鼎湖山保护区已获得第一批全国科普教育基地（2021年）、全国自然教育基地（2023年）、广东省十佳科普教育基地（2023年）、中国植物学会2023—2028年度科普教育基地（2023年）等称号。随着各类基地的挂牌，鼎湖山保护区的各类科教设施也在不断完善，目前建有自然教育中心、展览室、讲座室和户外"鼎湖秘境"等硬件设施，并结合本土资源和科研成果，建立了一条自然教育体验径和一条自然教育探索径。

科学教育融合自然教育的"鼎湖山模式"在发展中始终秉承"走出去和请进来同样重要"的理念，注重参与行业的交流，汲取先进理念，积极引导公众在参与活动的同时深层次思考自然教育助力保护的核心价值，致力于推动自然教育真正成为改变公众价值观念与生活方式内驱力的发展。

3. 美国黄石公园

黄石公园是世界上第一个国家公园，拥有世界上最多的间歇泉和温泉以及丰富的动植物资源，被称为"地球上最独一无二的神奇乐园"。现设有奥尔布赖特、老忠实泉、格兰特村等游客中心，间歇泉、钓鱼桥等博物馆，野营地、游径、户外解说牌等野外探险和学习设施，并长期提供自然解说服务。黄石公园结合不同的主题和资源特色，针对大学生、中小学生和一般人群开展了不同的自然教育活动。以中小学生群体为例，从简单地对比人与动物足迹到了解地形地貌的形成、动植物间能量转化、远足探险、湖滨带的调查、思考国家公园的保护与利用等自然教育活动，参与对象涵盖学前班至大学所有学生，层次分明、主题明确。

此外，黄石公园还推出了独具特色的初级护林员项目，针对不同年龄阶段的孩子设置不同程度的任务清单，帮助其了解国家公园的历史、生态、科学以及人与自然的关系。黄石公园自然教育活动节选，见表 7-2。

表 7-2 黄石公园自然教育活动节选

活动参与对象	活动名称	活动内容
学前班至小学二年级	足迹追踪	对比灰熊、黑熊、狼和人类足迹，观察其相似性和区别
小学三年级至五年级	国家公园保护与利用	用困境卡来描述公园现存的问题，学生分组思考国家公共服务应遵守的管理问题，探讨管理决策的复杂性和重要性，并尝试了解国家公园是如何努力平衡保护与利用之间的关系的
	地形地貌	学习侵蚀作用对小山脉的破坏力，调查一个区域来找到侵蚀的证据。通过观察在自然环境中的化石来学习更多关于黄石的地貌形态知识
	伪装	了解捕食动力学和适应性概念
	学习关于国家公园的服务标志	学习国家森林公园服务的箭头符号是由哪些标志构成的，创作自己的作品
	冬季着装	学习整合热量传递方面的相关词汇和知识
	涂 1000 个词	考察历史上的黄石艺术品，学生通过水彩或照片说出自己的黄石研学收获
小学生	吃还是被吃	学生演示植物与动物之间的能量转化和关系
小学三年级至初二	追溯过去的线索	学习关于考古学过程的内容
小学四年级至初二	黄石探险	学生在导师和家长的陪伴下参与远足旅行、野外调查、讨论等，并写日记
小学六年级至初二	生活水域：湖滨带的调查	调查一条小溪内部及其附近植物和动物的生活
	熊的菜单	了解熊的取食习惯，画出熊在春、夏、秋、冬都做什么
初三到高三	旅行者	对黄石公园进行探索
中学生	热泉	板块构造和地幔理论
中小学生	发明动物	通过合作创作虚拟动物，帮助学生理解黄石生态系统中不同栖息地野生动物生存的适应性
中小学生	间歇泉是如何运行的	学习构成间歇泉的必要成分以及它们是如何运行的

六、自然教育营地、基地开发原则

1. 尊重自然本真

自然的力量远超我们的认知，人类的生存和发展与自然界息息相关。就像洛夫先生所说的那样："孩子们现在如何面对大自然，将来他们会如何引导教育自己的孩子去面对自然，这会对人类未来的城市发展、家庭生活方式和人类的日常生活状态等起决定作用。"自然教育营地、基地带来的启示不同于学校的知识传递，要实现其教育的目的，从开发伊始就应当学会敬畏自然、尊重自然。

构建个体与自然的自然联结，真实地彰显自然本真。我们在越来越真实地面对自然环境的纷繁复杂，为自然赋予色彩，丰富自身体验的同时，其实也是在对自然教育营地、基地的开发提出了更高的要求。中国的土地资源种类繁多，分布不均，林地、湿地、丘陵等在自然教育营地、基地的开发案例中屡见不鲜，社区、城市公园、植物园等目标导向多样的场景给自然教育营地、基地的开发也提出了不同要求。但一切人为赋予的升华均需与自然环境相适配，人为的适当改造是为了构建人与自然沟通的桥梁，而并非刻意再造自然场景。

保障自然的良性循环，实现可持续发展的自然教育。自然的存在不仅仅是为教育提供场景，更是教育自主生成的核心驱动力。在自然教育营地、基地的开发中，往往容易出现紧盯硬件设施的规划，在已有框架内不断做"加法"来弥补自然环境主观认知上所认为的不足，结果往往容易造成硬件与环境、软件间的脱钩——学会做"减法"，不仅是尊重自然的表现，同时也给课程的迭代、空间的发展带来了来自自然的万千可能。

打通自然外部空间架构，丰富课程内部体验感知。"点"指的是具有自然教育意义的景观节点、营地、建筑物等，包括户外自然教育营地、动植物观察教学点、自然教育活动场地等。"线"是指联系各节点的路线或自然教育轴线，包括自然教育小径、自然徒步径等构成的结合景观空间和自然教育功能需求而形成的线性因素。同时，在空间格局规划中也需结合森林感知体系，在点、线、面尺度上充分设计不同感知激发要素，由点至线，由线至面。同时，合理组织景观空间，将感知节点有机串联，将不同的感知类型相互穿插连接，使参与者在场地的参观游历过程中能获得多感官的全方位体验[①]。

2. 尊重儿童本身

在发展心理学中，儿童指的是从出生到进入成熟之前这一整个阶段的个体，儿童时

---

① 葛明敏. 基于景观感知的森林自然教育基地构建途径研究［D］. 北京：北京林业大学，2020.

期也就是指一个人从出生（新生儿）到成熟（青年初期）这个时期。根据一定的划分标准和个体生理年龄的自然阶段，儿童时期可分为以下几个阶段：婴儿期（0~3岁）、幼儿期（3~7岁）、童年期（7~12岁）、少年期（12~15岁）和青年初期（15~18岁）[①]。联合国《儿童权利公约》将"儿童"界定为18岁以下的任何人。

在不同的阶段，儿童的生理、心理等都有明显的变化，形成了层次分明的认知结构。按照医学标准，4岁以前的儿童只能被动接受环境信息，4~9岁儿童可以认知和区分环境，9~14岁儿童开始具备社会人特征[②]。在各个阶段，儿童对外界环境的接受能力不同，产生的认识也不同。营地、基地的规划设计、课程设置安排均要遵循儿童心理发展特点、环境行为特征，以儿童行为空间理论为基础，建立儿童友好型营地。

七、自然教育营地、基地开发策略

1. 用儿童的视角去发现

从儿童的生理条件来看，儿童在0~12岁阶段是人一生中身高变化最大的阶段，3岁时的平均身高约93厘米，6岁时为112厘米，8岁时为122厘米，10岁时为132厘米，12岁时为149厘米[③]。可以看到在这一阶段随着不断长大，身体所具备的能力也在不断增强。同时，不同年龄阶段儿童所喜欢的户外活动也逐渐变化，幼儿时期的户外活动以个体玩耍为主，互动性活动较少，随着儿童年龄的逐渐增大，其活动的范围、强度、互动性逐渐增强。针对这种变化，儿童户外活动设计者要考虑不同的身高及其活动差别，分别提供能适应不同年龄儿童需要的活动设施和场地，尤其要注意从儿童的角度出发，确保儿童在场地内各个方向、角度时的视线不受影响。

从儿童的认知发展角度来看，人类认识世界首先通过感知觉来感受世界，进而发展为理性认知。儿童正处于敏感阶段，在这一阶段儿童大量接受视觉、触觉、听觉、嗅觉等各方面刺激，从而逐渐形成自己对世界的认知。"儿童对环境的反应比成年人更为直接和活跃。他们总能发现高低、远近、软硬、暗亮的概念，而他们用来探索这些概念的客观物体又能激发他们的想象力并强化他们的学习乐趣。"[④]通过观察可以发现，儿童对环境周围的大尺度建筑物等并不像成人那样感兴趣，反而对环境中的一些小差别、小构件特别感兴趣。很多成人不常注意的细节变化往往成为儿童游戏的内容，如台阶、坡

[①] 范艳丽. 自然教育理念下的森林公园儿童活动区景观设计研究[D]. 长沙：中南林业科技大学，2019.
[②] 联合国儿童基金会. 儿童权利公约[EB/OL].（1989-11-20）[2022-12-01]. https://www.unicef.org/child-rights-convention/convention-text.
[③] 魏子皓. 儿童自然营地设计研究[D]. 成都：西南交通大学，2015.
[④] 赵乃莉. 国外"儿童友好型"街区环境设计及启示[D]. 北京：北京林业大学，2010.

道、铺地的颜色花纹变化等。因此设计户外活动场地时，应关注尽量多引入有微妙差异变化的不同形态的事物，以满足儿童的感知和游戏需要。

从儿童行为特征的角度来看，要包括儿童喜欢参与的群体游戏（聚众性）、新奇体验促使儿童自发开展游戏活动（自发性）、游戏活动可以不受场地转变的影响（连续性）、善于从陌生事物上发现乐趣并开展游戏活动（探索性）、专注游戏活动而忽视外界安全隐患（专注性），以及喜欢接触自然事物、乐于在自然环境中玩耍（亲自然性）六个方面。自然教育活动及场地需充分满足以上一项或多项儿童行为心理特征，才能充分引起儿童的兴趣，开展儿童喜欢参与的、能够发掘儿童潜力的且满足儿童需求的自然教育活动[1]。

从儿童行为的角度分析，儿童教育家陈鹤琴认为，儿童学习的一大特点是在学习中用行为动作去反映外界环境对其的刺激[2]，儿童天性好动，在做中认知、在做中学对于儿童成长具有促进作用，同时儿童也更偏爱动态的形态和空间。因基于对子宫生活的回归意识，小尺度空间能使儿童倍感安全感和亲切感[3]。为儿童创设洞穴类的藏匿空间也尤为重要。[4]儿童的创造性表现需要经历"好奇—探索—发展"的过程[5]，创造性空间于儿童而言十分重要。

促进不同年龄儿童交往的空间也必不可少。设计应充分考虑儿童的独立性与聚众性，既要有满足儿童单独活动、独立思考的探索空间，又要有满足儿童集体活动的开敞活动空间，以及需要团体协作才能完成的活动设计和具有比赛竞技性质的活动场地及设施等[6]。

2. 尊重儿童发展个性化需求

在设计规划初期，既需要充分考量各年龄段儿童的差异化需求特征，同时还需要考量特殊群体的需求，是否使其也能够公平地参与、感知，并在使用自然空间的过程中实现代内平等。

对心理层面有缺失的儿童而言，自然是绝佳的康养胜地。自然环境中有很多会对人体产生有益影响的因子，比如新鲜的空气、温暖的阳光、潺潺的流水声、植物散发的

---

[1] 布鲁托. 儿童游乐场 [M]. 长沙：湖南美术出版社，2012.
[2] 克莱尔·库珀·马库斯，卡罗琳·弗朗西斯. 人性场所：城市开放空间设计导则：第2版 [M]. 俞孔坚，王志芳，孙鹏，等译. 北京：北京科学技术出版社，2019.
[3] 朱智贤. 儿童心理学 [M]. 北京：人民教育出版社，1980.
[4] 徐从淮. 行为空间论 [D]. 天津：天津大学，2005：68.
[5] 克里斯托弗·亚历山大，等. 建筑模式语言：城镇·建筑·构造 [M]. 北京：中国建筑工业出版社，1989.
[6] 徐从淮. 感·悟·匿·行·探——论少儿建筑的行为空间 [J]. 新建筑，2003（2）：61-64.

馨香等，它们可以调节人体的神经和免疫系统[①]。巴普洛夫（Pavlov）认为，人的基本神经活动是兴奋和抑制，首先，优美的自然景观可使大脑皮质出现一个新的活动，出现从"抑制"转向"兴奋"的转移，从而消除精神紧张和心理矛盾，稳定情绪；其次，优美的自然景观能让人心情愉悦、身体放松，这种感觉通过神经—内分泌—免疫系统的传递，发生能量的传递和变化，最终可提高人体的免疫能力[②]。大自然对机体的疗养作用是可观的，通过设计优美的景象让人感到舒适、身心愉悦，大脑皮层和心理得到调节。在对儿童进行自然教育的同时，自然本身也在发挥其康养作用，可有效帮助患有"自然缺失症"的儿童舒缓压力、消除疲劳，起到放松身体、愉悦心情的效果[③]。

对于身体机能存在一定不便的儿童而言，如何让该群体也能够同等地享受大自然的馈赠——构建自然与残障儿童的链接是中国自然教育发展亟待突破的一大挑战。在户外场域，因自然地保护、地形坡度、植被分布等各种现实因素制约，在自然教育营地、基地建设规划的过程中极容易忽视对残障儿童可进入性、便捷性的考量。从课程开发的角度来看，残障儿童所感知的范围、所使用的课程等各自然教育的必要媒介皆与一般儿童有较大差异，针对此类群体行为、心理特性，应研发与之相适配的自然教育、自然康养类课程以及相应的课程材料、宣教展示等。

3. 重构儿童的自然感知链接

卡普兰（Kaplan）的恢复性环境理论指出，通过营造自然元素丰富的迷人景观，能够让注意力转移，阻断消极的情绪，给机体带来相应的恢复[④]。可以自然化的环境作为基础，并且赋予其丰富的景观类型，利用各种富有趣味性和自然化的景观吸引儿童的注意力，激励儿童与环境进行交流。乌尔里希（Ulrich）以自然和都市景观作为自变项，通过观察受试者身心的反应来评估视觉上与自然环境接触所带来的效益。结果显示，以绿色植栽为主及具有水体的自然景观，对心理状态有较好的影响[⑤]。

强化环境所带来的感觉刺激，不单单限于视觉角度，设计中应融入更多来自不同感官的刺激。例如，运用一些质感不同的植物在道路、小径的旁边，引起儿童五感的体验；在森林环境中设计趣味性、互动性较强的景观空间，开展森林环境观察、户外探险等各类体验性活动，通过参与者直接或间接的体验，从而帮助其形成对于森林自然环境

[①] 卜树强，等.疗养与免疫[M].天津：天津科学技术出版社，1993：10.
[②] 吴凡.康复的助力——辅助医疗的景观设计研究[J].华中建筑，2016（9）：124-126.
[③] 林雅橙.乡村中的儿童自然教育营地规划设计策略研究[D].广州：华南理工大学，2019.
[④] 苏谦，池丽萍.环境的恢复性功能：测量及应用[J].社会心理科学，2012，27（2）：7.
[⑤] ULRICH R S. Natural versus urban scenes some psychophysiological effects[J]. Environment and Behavior, 1981, 13（5）：523-556.

更科学的自然观，实现儿童亲近自然、热爱自然、保护自然的良性循环。

在营造不同类型的植物园、药草园、可食用花园等特色生境类型和科普展览馆等自然教育设施的过程中，应充分发掘森林感知特点，设计自然教育小径、感知体验步道、观景步道等，并配套相关科普解说系统，使参与者在科普教育活动中认知自然、体悟自然[①]。

在空间格局规划中，应根据森林自然教育内容体系和基地结构功能的分布，采用以一个个"点"联结延伸为"线"，"线"结构构成"面"，从而形成相互联系穿插的有机系统。同时，在空间格局规划中也需结合森林感知体系，在点、线、面程度上充分设计不同感知激发要素，由点至线，由线至面。同时合理组织景观空间，将感知节点有机串联，将不同的感知类型相互穿插，使参与者在场地的参观游览过程中能获得多感官的全方位体验。

4. 架构系统化课程体系

关注目标。自然教育强调体验式的过程，但并不意味着"无头苍蝇"式的随意体验。即便是生成课程，在课程开发设计前期，对总体方向的把控、体系化认知的构建是自然教育导师尤为重要的前置功课。不应以"让教育自然发生"为借口而回避教育本身目的性的要求，导致出现课程内容和课程目标"本末倒置"的现象。因此，从整体来看，营地教育课程内容应该首先结合所在营地的自然环境特色，凝练多核心的教学目标，建立多层次、多样化的课程体系，丰富课程内容及体验，在实现儿童人格健全发展的同时，加强引导青少年对自然生态环境的保护意识[②]。依据政府的政策指引、社会的现实需求、学生的发展特性等各维度进行综合分析，以自然教育所倡导的课程原则和课程原理为依据，经过组织选样进行自然教育营地课程编制。

关注体验。在体验式的教育形式下，游戏是极具代表性的，同时也最容易让儿童参与的环节，游戏和儿童从来就是不可分的，在一定意义上游戏就是儿童的成长方式。英国支持儿童游戏全国志愿委员会协调人安娜（Anna）指出："游戏同正式教育一样重要，没有计划进行各种游戏的儿童，在情感、身体以及成年后的社会或科学研究方面的发展速度，远远不如拥有这些机会的同龄者。"在对场地空间的划分和布局时应充分考虑可能发生的不同游戏的特性，减少限制因素，设计不仅要满足一定游戏项目开展的条件，也要提供更多更加丰富的游戏开展的可能性。无论是在某一个单元还是整个活动场地，

---

① 范艳丽. 自然教育理念下的森林公园儿童活动区景观设计研究［D］. 长沙：中南林业科技大学，2019.
② 何文娜，张俊峰. 国外青少年户外体育营地课程建设的研究和启示［J］. 体育世界（学术版），2017（9）：55-56.

丰富的活动机会能够确保儿童有多样的活动选择，从而加强场地的自由性[1]。

5. 搭建全方位保障体系

安全性原则对于儿童的活动场地非常重要，建造安全的儿童自然教育营地，应保障空间、设施、内容、植物、铺装、天气等全方位的安全。

（1）空间安全。首先保证周边的自然环境安全，比如防止山体滑坡等问题；其次在营地内部避免行车，保证儿童活动和行走空间的安全；儿童活动场地周围不宜种植遮挡视线的树木，无遮挡、可监护性也是空间安全性的重要部分[2]；同时应设有监控，做好安保工作。

（2）设施安全。设施可接触范围内不应存在任何尖角和锐边[3]，游戏内容要保证安全、卫生，适合儿童特点[4]。

（3）内容安全。营地教育的一大特性就在于体验式的教育过程，为实现儿童课程活动内容所规定的区域内自由、自主的探索、发现与思考，实现孩子对于未知的事物充满好奇并乐于亲自动手实践的过程，这需要课程在开发时首先应明确，必须将课程内容分解为各个探索场景，尽可能规避或提前加以引导，以充分降低事故发生的可能性。

（4）植物安全。儿童游戏场地严禁选用有毒植物，不应在正常活动范围内选用枝叶有硬刺或枝叶呈坚硬剑（刺状）、有浆果或分泌物坠地的种类，不宜选用有挥发物或花粉等能引起明显过敏反应的种类，不宜种植遮挡视线的树木。

（5）铺装安全。园路应平整，路沿不得使用锐利的边石，器械下场地地面应采用耐磨、有柔性、不扬尘的铺装。

（6）天气安全。在芬兰的自然教育中有这么一句话："没有不合适的天气，只有不合适的服装。"不过，仅仅依靠孩子选择适合的衣服并不足以缓解家长的担忧，如何使孩子在不同的天气条件下均能保障其安全并使其获得良好的体验，是我国自然教育营地在规划开发阶段就应提前考虑的问题。

6. 完善人性化服务体系

根据《休闲露营地建设与服务规范　第4部分：青少年营地》(GB/T 31710.4—

---

[1] 芦爱英.略论游戏在儿童身心发展中的作用[J].黑龙江农垦师专学报，2003（2）：87-89.

[2] 中华人民共和国住房和城乡建设部.无障碍设计规范：GB 50763—2012[S].北京：中国建筑工业出版社，2012.

[3] 国家市场监督管理总局，中国国家标准化管理委员会.大型游乐设施安全规范：GB 8408—2018[S].北京：中国建筑工业出版社，2018.

[4] 中华人民共和国住房和城乡建设部.公园设计规范：GB 51192—2016[S].北京：中国建筑工业出版社，2016.

2015）[①]，以营地总面积宜60公顷以上场地为例，场地内部分设施面积规范如下：应配备宿舍、商店、餐厅、淋浴房、厕所、活动室、办公室等设施，总建筑面积不小于2000平方米；户外教育活动区面积宜在5000平方米以上；餐厅和住宿能容纳200人以上；帐篷露营区满足100人以上露营要求，每个高架帐篷床最小面积16平方米，集合场地不小于400平方米。

  儿童自然教育营地、基地建设可以根据自身场地条件、活动需求，对不同设施的面积进行调整，以满足基本硬件要求，使儿童及亲子"学、住、食"等基本需求得到充分满足。自然教育营地、基地的产品体系虽围绕教育的内核，但其外在的形式始终离不开课程"产品"的属性。针对此类特性，不论是针对课程的专业服务或是保障起居的基础服务，都是营地、基地发展管理中不可或缺的一部分。但营地、基地产品并不同于传统服务业产品，其中所要求的"服务"也并不等同于五星级酒店所定义的"服务"。一方面，在教育内核的引导下，"服务"体现最为直观的是在课程设计以及课程实施环节中如何引导教育自然发生；另一方面，在自然露营的场景下，"服务"并不在于面面俱到，而是有所为和有所不为，保留给顾客探索的空间，挑战不同的可能，人性化地根据到访不同年龄段客户的需求，拟定服务的边界，让服务悄然无形地渗透在顾客的体验感知中。

[①] 中华人民共和国国家质量监督检验检疫总局，中国国家标准化管理委员会.休闲露营地建设与服务规范　第4部分：青少年营地［S］.北京：中国建筑工业出版社，2016.

第八章 自然教育导师型人才的培养现状和素养要求

一、国外自然教育导师型人才的培养情况

自然教育的实施关键在于导师，导师是整个自然教育活动的组织者、引导者和执行者，自然教育的健康发展，需要受过专业化培训的导师队伍的支持。国外自然教育的发展较早，自然教育导师型人才队伍也有了一定的规模，导师型人才的培养也形成了相应的模式。本节将简要介绍美国、英国、德国以及日本的自然教育导师型人才的培养情况。

1. 美国自然教育导师型人才培养情况

美国是世界上较早开展自然教育（美国称其为环境教育）的国家之一，最早源自19世纪30年代的露营教育，后来，由于生态环境问题频频发生，才使政府部门关注自然教育。目前，全美各地已拥有超过3000个户外自然教育中心，全国的博物馆、国家公园、森林公园、湿地保护地等重点场所均有对中小学生开展自然教育的责任[①]。美国的自然教育具备完善的自然教育法制环境，其自然教育的鲜明特点之一就是十分重视自然教育师资的培养，完善的法制环境和专业的师资队伍为美国自然教育的顺利开展打下了坚实的基础。

美国的自然教育导师标准有明确的规定，2008年美国全国教师教育鉴定委员会修订了教师教育专业标准，根据该标准的规定，从事自然（环境）教育的导师需要满足6个方面的专业要求。一是要了解自然（环境）教育的目的、特点和指导思想，具备基本的环境素养，这是导师开展自然教育的基础环节。二是具有从事自然（环境）教育的专业品质，专业的自然教育（环境）导师需要具备环境情感、环境认知、环境伦理观、环境技能和环境行为5个方面的素质。三是应精通教育心理学的知识，能运用心理学的知

---

① 魏智勇. 美国自然教育掠影——以参访美国三个颇有特色的自然教育中心为例［J］. 环境教育，2018（9）：66-68.

识引导和教育学生。四是能运用不同的方法和策略设计教学活动,助力学生的学习和营造良好的学习氛围。五是能运用多种方式和技术评价学生,以促进学生多方面的发展。六是应担负起从事自然(环境)教育的职责,保持专业的可持续发展。

专业的人才队伍需要专业的人才培养体系,美国十分重视培养自然(环境)教育师资人才,人才的培养主要依靠三个层面的支持。首先是联邦政府提供保障,根据1990年美国颁布的《国家环境教育法》,国家环境保护署制定了《环境教育和培养计划》,培养计划的目的在于培训教育专业人员,该计划的活动主要包括环境教育课程的开发、环境教育资料和相关信息的传播、为环境教育教师与教育专业人士的交流搭建平台等。这一项计划为美国的自然(环境)教育人才的培养提供了强大的法规保障和财政支持[1]。其次是各州落实培训工作,各州的环境教育中心是落实环境教育师资培训的主要部门,它组织开展专业人才培养的方式多种多样,例如开展在职教育、为学区和学校提供好的意见和建议、召开环境会议和提供环境教育信息等。最后是非营利组织,美国的非营利组织在环境教育中起到了十分重要的作用,一些非营利组织能够组织一些农场主,将他们的农场作为环境教育的基地,供学校和组织进行参观学习,同时也可以借助导师的研修与培训来推销其开发的教材[2]。

除了有专业的培训体系,为了更好地促进自然(环境)教育导师的发展,美国还设置了不同类别的奖学金激励其不断提升各方面的能力和素质,例如"罗斯福奖学金",就是颁发给在环境教育领域或行政领域有重大贡献的人[3]。

2. 英国自然教育导师型人才培养情况

英国的自然(环境)教育经过数十年的探索与实践,已经收获较好的成效。英国是现代自然资源管理制度和教育体系最完善的国家之一,在自然教育发展过程中培养了大量的专业导师人才。早在1968年,英国就组织成立了关于环境教育的教员团队和环境教育情报中心,经过这些团队的大力推动,自1977年开始,一些大学将环境学习定为大学入学资格的选考科目[4]。同时,英国对作为自然教育主要场所的森林学校建立了人才考核制度,只有经过考核的人员才能进到学校参加森林教育等工作,这些做法严格地规范了整个自然教育的导师队伍,也极大地保障了英国自然教育发展的规范性[5]。

---

[1] 闫龙.美国环境教育教师专业标准评析[J].世界教育信息,2011(6):48-50.
[2] 崔凤,臧辉艳.美国环境教育立法及其对我国的启示[J].青岛科技大学学报(社会科学版),2009,25(4):100-104.
[3] 卢晨阳,袁正平.试析美国的环境教育及其对我国的启示[J].兰州教育学院学报,2014,30(2):89-92.
[4] 宋世云,曾红鹰.欧美环境教育及其实践——以美国和英国为例[J].中学地理教学参考,1997(Z2):88-89.
[5] 毛国蓉,费永俊.国外森林体验教育的实践及启示[J].湖北林业科技,2020,49(1):64-67.

英国的民间组织在推动自然教育发展方面也作出了重要的贡献，其中田野学习协会（Field Studies Council，FSC）是英国主要的推动机构之一，它采用的企业管理模式促进了英国自然教育的发展，成为英国非正规教育领域的典范。田野学习协会在自然教育导师人才的培养方面建立了系统的培训方式，组织内部的导师由资深的导师带领，进行超过一年的学习，然后经过观摩、协促、试教和正式教学四个环节磨炼，最终可获得相应的资格证书，成为具备专业知识和技能的自然教育导师[①]，从而走上不同的自然教育平台。

3. 德国自然教育导师型人才培养情况

德国是十分重视自然教育的国家之一，其森林体验教育成为促进当地自然森林可持续发展的重要手段。目前，德国联邦和各州关于环境类的立法就超过8000部，完善的环境立法为环境教育的开展和师资的培养提供了保障[②]。德国历来重视培养林业教育的工作，其政府要求各级相关部门、机构和组织积极学习森林生态公众教育。在德国，所有的森林教育工作者都需要经过培训并获得相应的证书方可上岗；同时，他们还需要不断地提升自己的专业水平，积极参加州或联邦政府举办的高水平学术或经验交流会，不断积累经验，不断成长。除此之外，德国的自然教育类导师还需要充当培训人员、自然教材的开发者和实践工作的导师，还需要在专业杂志上发表相关学术论文等[③]。德国的环境教育导师具有双重的角色定位，不仅要承担环境教育的任务，还必须适时接受培训，不断更新自身的知识储备和教学技能以适应教育环境的变化，这些要求使得德国的自然教育导师队伍十分专业[④]。

4. 日本自然教育导师型人才培养情况

20世纪60年代，自然教育的理念传入日本，日本称之为"野外教育"，后来也称其"环境教育"（本节统一将其称为"自然教育"），并进行推广，还建立了自然学校，目前自然教育在日本已经非常普遍。日本政府在自然教育导师人才的培养方面也付出了很大的努力，日本的教育体系规定每位教师需要任教一门国家课程，但是由于自然教育是渗透在各门学科课程中的，因此，为了使教师能更好地掌握自然教育的知识和技能，保障自然教育活动的顺利进行，需要教师学习社会科和理科的相关知识，充分认识自然教育的重要性。日本制定了教师研修制度以帮助教师加深对自然教育相关课程的理解，研修制度规定主要有以下四个内容：其一是要求所有的中小学教师参加相关部门开展的

---

① 朱凯，汤辉，魏丹. 英国自然教育管理体制构建经验与启示[J]. 绿色科技，2020（9）：235-240.
② 李妙然，柴艳萍. 德国环境教育概览[J]. 成功（教育版），2011（3）：4-5.
③ 汪清锐. 德国森林体验教育综述[J]. 林业科技情报，2018，50（2）：10-13.
④ 李砚颖，王歆燕. 德国环境教育的演进及启示[J]. 环境教育，2013（8）：56-58.

在职师资培训，教师需要借助培训机会学习并掌握体验式学习的教学方法；其二是在职教师需要根据中小学的学习课程编写有关于自然教育的导师参考用书[①]；其三是教师在研修过程中需要重点关注与自然教育相关的内容和教育方法，在其余时间积极参与环保活动以积累经验；其四是采用"非常勤讲师制度"，专门聘请环境相关领域的专家学者到学校为在职教师开展讲座，为教师提供与专业学者面对面交流的机会[②]。

除了教师研修制度的实施，日本文部省为了更好地培养自然教育导师，与东京学艺大学联合开办"教师自然教育培训班"；为了更好地培养自然教育的专业导师，还专门召开了"野外教育计划实行者会议"。该会议为自然教育人才的培养和交流提供了平台，会议举办期间，邀请全国优秀的导师作为培训讲师，为民间自然教育机构的人员提供培训服务，同时还会举办多种多样的培训与交流活动，提升参会人员对自然教育的认识，并邀请参会人员进行一系列的反思活动。该会议提供的这种"经验+反思"活动课程可以使参会人员更深层次地理解自然教育，也能更好地掌握从事自然教育工作的技能。除了政府举办的各类培训平台，日本的信州大学、筑波大学以及一些体育大学还成立了关于自然教育的相关研究室，甚至成立了专门的国际自然教育学校[③]，为将来从事自然教育的教师提供学习的材料，促进专业师资队伍的形成。

二、我国自然教育导师型人才的培养情况

近年来，我国越来越重视自然教育的发展，虽然我国的自然教育起步较晚，但是民间自然教育机构发展迅速，机构对自然教育导师的需求也在不断增加。各级政府部门、机构和社会组织为满足我国自然教育的发展，在组织自然教育导师型人才的培养方面也作出了贡献。目前，相关培训的类型多样，名称也各不相同，主要有自然体验师[④]、自然讲解师[⑤]、自然教育引导师[⑥]和自然教育导师等，但都可以归为自然教育导师型人才的培养。目前，我国未形成统一规范的自然教育导师培训模式，也没有相应的法律法规来明确自然教育导师型人才的行业标准，现阶段的自然教育导师培训似乎处于"各自为政"的状态。我国自然教育导师型人才的培训工作主要由各机构或组织根据自身需求来开展，由政府组织的自然教育导师培训活动较少。

---

① 祝怀新.亚太地区环境教育发展概览[J].比较教育研究，1998（1）：50-53.
② 张佳，李东辉.日本自然教育发展现状及对我国的启示[J].文化创新比较研究，2019,3（30）：155-158.
③ 陈勇，万瑾.森林教育：构成、经验与启示[J].外国教育研究，2013,40（6）：53-58.
④ 本刊编辑部.走进大自然的剧场，点燃孩子们的希望[J].大自然，2013（4）：57.
⑤ 周彩贤，马红，张玉钧，等.自然体验教育活动指南[M].北京：中国林业出版社，2016.
⑥ 刘艳.怎样成为合格的自然教育引导师？[N].中国绿色时报，2016-10-11（4）.

1. 民间组织培养自然教育导师型人才的情况

我国民间机构和相关组织在自然教育导师型人才的培养方面作出了重要的贡献，我国最早的自然教育导师培训始于2010年。知名自然教育机构"自然之友"在引入欧美的自然教育理念后便开展了首期的自然体验师培训，为我国自然教育的发展培养了首批导师型人才。2013年，中国野生动物保护协会组织开展了全国首次未成年人生态道德"自然体验师"培训班，后续又开展了多次培训活动，为基层学校、保护协会和保护区培养了许多专业的自然教育导师[1]。后来，云南在地自然教育中心联合创始人、全国自然教育网络人才培养委员会主席王愉牵头于2015年成立了自然教育人才培养工作组，工作小组由10多家正在或将要从事自然教育的机构组成，有自然之友、一个地球自然基金会、鸟兽虫木自然保育中心、云南在地自然教育中心等多家知名的自然教育机构，经过3年多的发展，2018年开始面向从事自然教育工作的人员，在全国范围内实施21小时涵盖6大模块的基础培训课程。截至2019年，已完成20多场培训，共计400多人参与。2018年自然教育论坛理事会、人才培养专业委员会相继成立，专业委员会由过去的人才培养小组成员组成。人才培养专业委员会不断探索人才培养的模式，以期为我国自然教育的发展培养后备人才[2]。

全国自然教育总校在培养自然教育导师人才方面也作出了重要的贡献。在2019年的中国林学会自然教育工作会议期间，中国林学会等305家单位和社会团体发出倡议，依托中国林学会成立了我国第一个自然教育委员会（全国自然教育总校），委员会作为一个全国性的平台，统筹、协调和服务各地的自然教育工作[3]。目前，全国自然教育总校的自然教育师培训是民间组织最具权威的培训项目之一，其培训主要目标在于培养专业的自然教育从业人员，促进我国自然教育行业的发展。培训的对象是从事或有意从事自然教育活动的教育工作者、从业者。自然教育导师的培训采用"线上自学"加"线下面授"的形式开展。培训内容分为两个部分，首先是理论知识的学习，理论知识主要包括自然教育基础理论知识、自然教育成功案例介绍、生物学知识、植物学知识、生态学知识等，可以概括为自然教育基础理论知识和学科专业知识两大板块，完成线上的课程学时后参加在线考试并通过方可获得学时证书。接下来需要申请线下的实地培训课程，线下面授的课程主要包括自然教育实操和技能技法两方面，授课的单位是由全国自然教育总校严格筛选的培训机构或基地。截至2023年，全国自然教育总校在全国的自然教

---

[1] 王胜男.我国的森林体验教育还差点啥？[N].中国绿色时报，2014-07-31（2）.
[2] 王愉.建立我们自己的自然教育人才培养体系[J].中华环境，2019（7）：30-32.
[3] 果叮咚，尹萍，王俪玢.中国林学会联手300家机构共筑自然教育实践平台[J].经济林研究，2019，37（2）：215.

育基地成员有230个，目前这个数字仍在增加，线下培训考核通过后就可以获得自然教育师证书。获得资格证书的学员信息由中国林学会（全国自然教育总校）进行统一的管理和登记，截至2023年9月底，中国林学会官网显示的自然教育师培训项目所注册的自然教育师大约有922人[①]。近年来，由全国自然教育总校组织开办的线下面授培训期数逐渐增多，也为我国自然教育事业的发展培养了大量的专业师资人才。

目前"自然教育导师"作为一种职业还未得到国家相关部门的认可，政府部门对该专业人才也没有一套完整的考核体系。目前，民间组织是培养自然教育导师的主力军，但是目前的导师培训管理相对比较混乱，似乎谁都有资格开展培训活动，谁都可以颁发导师证书，这也是业界普遍反映的问题。因此，我国的自然教育规范发展的前提是规范自然教育导师人才培养，建立完整的考核体系。

2. 政府部门培养自然教育导师型人才的情况

虽然目前我国还未出台关于自然教育的法律法规，也未形成官方权威的自然教育导师培训体系，但是相关的政府部门已经关注到自然教育导师的重要性，已在推动自然教育导师人才队伍的发展。在2013年，由北京市园林绿化局主办的首届自然讲解师培训班受到了人们的关注，来自北京市园林绿化系统的森林公园、城市公园、科普基地等30多家单位共38名学员参加了该次的培训，培训的时间一年，培训考核合格后获得"自然讲解师"的资格证书。在培训期间，学员们可深入地学习了自然讲解方面的知识和技能[②]。

我国生态环境部宣传教育中心举办的"自然学校注册讲师"培训是目前政府部门带头举办大型培训班之一，该培训相较于民间机构或组织举办的培训更加严格，参加培训的人员需要经过筛选，并非所有热爱从事自然教育工作的人员都可参加。宣传教育中心在深圳市华会所生态环保基金会的支持下，于2014年启动了自然学校能力建设项目，通过支持自然学校试点建设、组织自然教育人员培训、举办自然体验活动等，丰富我国的自然教育工作内容。自然学校注册讲师培训班分为A、B两种类型，面向不同的群体。A段主要面向自然教育从业人员及环保宣教系统的人员，还要求环保宣教系统的人员要有三年以上的环境教育工作经验以及省级环保宣教中心的推荐方可参与，培训教授的内容主要是自然教育政策理论类知识、自然教育案例分享等。B段仅面向宣传中心支持的自然学校试点单位（共36家），培训的内容为在完成A段的学习之后，继续学习自然

---

① 全国自然教育总校. 自然教育师培训［EB/OL］.（2021-03-23）［2023-09-20］. http://train.csf.org.cn/#/page/notice/details/2.

② 王胜男. 我国的森林体验教育还差点啥？［N］.中国绿色时报，2014-07-31（2）.

教育课程的设计和自然学校的建设和运行方法等。宣传中心将会为完成A段学习的人员颁发自然教育传播者培训证书，为完成A、B两段培训的学员颁发自然学校注册讲师初级证书①，但是近两年该培训班已经不再举办。

三、国外自然教育导师型人才培养模式对我国的启示

在论述自然教育导师型人才的培养启示前，不妨先了解导致我国自然教育导师型人才缺少的原因。首先，自然教育在我国发展的历程短，公众对自然教育的需求并不像对学科教育那样，自然教育机构的数量近年来虽有大量增加，但是主要分布在一线大城市，相比国外的规模，还是比较小的。因此其人才的紧缺程度，还不至于推动相关部门牵头举办全国性的人才培训项目。其次，自然教育在高等院校或职业院校没有形成学科专业，培养自然教育导师型人才的课程在高等院校或职业学校也没有开设，同时高校也缺少能开展这类课程的教师，人才培养没有形成专业化的机制。最后，自然教育还没有被列入正规教育，科学史理论家、清华大学科学史系教授刘兵在"首届中国自然教育大家谈圆桌会议"中提出："社会责任和环境教育已经列入正规教育里面，总的来说是教育的一个很大的进步。但目前阶段，自然教育中，非正规教育还是占据了主流。自然教育究竟能够推进到什么程度，正规教育还是起着决定性作用。"②

综观国外自然教育导师型人才的培养情况，我们可以发现三个显著的特点，其一，有权威的法律法规保障培养工作的开展，导师型人才的培养具有规范性和系统性。其二，政府重视并组织社会力量共同参与，社会力量固然重要，但也需要政府部门的带动整合方可共同发挥更大的作用。其三，对导师型人才有明确的要求，并配有专业的培训队伍。这些都将成为我国更好地开展自然教育导师型人才培养工作的参考。有鉴于此，在人才培养方面，我们应做到以下三点。

首先，颁布相关的法律法规保障培养工作的系统开展。目前大多是关于环境方面的立法，关于自然教育和行业发展方面的立法还不明确，而完善的法制环境可以使得自然教育导师的培训工作有法可依、有法可循。这样不仅能促进自然教育导师型人才培养工作的系统化开展，还能强化公众对自然教育的重视，强化对自然教育导师专业化的认识，从而促进整个自然教育事业的健康发展。

其次，明确政府部门在自然教育导师型人才培养工作中主导力量的角色定位。现在

---

① 生态环境部宣传教育中心. 2018年自然教育传播者培训暨自然学校注册讲师培训在昆明举行［EB/OL］.（2018-08-21）［2022-12-23］. https://www.chinaeol.net/ceecxm/zrxx/201808/t20180821_457999.shtml.

② 杨晓雨，明眺生，赵琴，赵慧娟. 探讨中国自然教育未来之路［N］. 长江日报，2019-05-28（16）.

的自然教育相关人才培训中，自然教育机构或组织还是占了主流，而机构或组织的培训规模小，收费差异较大，不成系统，缺少规范，每次举办面对的人群数量相对较少。总的来说，虽然社会机构或组织的相关培训在一定程度上缓解了自然教育导师型人才的紧缺，但是未能系统地、规范地从根本上解决导师型人才紧缺的问题。

政府相关部门，如教育部、生态环保部门或林业部门等多个关联部门，可承担其自然教育导师型人才培养的主要职责，政府部门可以牵头举办全国性的培训活动，还可以开设全国性的自然教育导师型人才认定资格考试等，不仅能规范培训活动的内容、培训对象、收费等问题，还能提高自然教育导师资格认定的权威性。更规范的培训机制能为更多的想从事或正在从事自然教育工作的人员带来更多的培训机会，政府的带动也能激励社会组织对自然教育的信心，从而促使自然教育更加健康地发展。

最后，高校或职业院校应发挥人才培养的优势，完善与自然教育相关的课程内容和师资队伍，为学生未来走进自然教育行业奠定基础。目前我国的社会组织是自然教育导师型人才培养的主要力量，但是各社会组织之间缺少沟通交流，也没有形成统一的规范。自然教育发展得如何，导师队伍发挥着重要的作用，而系统性的课程培养内容和专业的培训师资队伍，在导师人才专业化发展方面具有重要的推动作用。

目前我国还没有高校或职业院校专门开设与自然教育相关的专业，也没有开设这方面的课程，但是大多数的综合院校或旅游职业院校开设了旅游类的专业或课程。高校或职业院校在人才培养方面有诸多的优势，例如教师水平高，大部分教师都有留学经历，对国外教育情况有一些了解，研究涉及多个领域多个学科，正好适合自然教育这种涉及多学科知识的领域。再者学校平台大，能够和不同的自然教育机构开展广泛的合作，为学生提供实践的机会和平台。高校或职业院校不仅能够为导师型人才的培养提供理论知识的学习，还能提供平台的实践锻炼。我国应打造一支专兼职结合的人才队伍，来承担自然教育人才的培训，这一队伍需要有生态环境教育专业教师为主体，又需要有其他相关学科教师作为补充。同时，高校或职业院校也应重视师资培训队伍的可持续发展，应积极组织这些教师参与各类研讨会和培训班，参观自然教育基地，有条件还可以委派出国交流学习，深入了解国外自然教育发展的情况。

但是目前自然教育发展的队伍还不够大，专门开设自然教育专业也不切实际，所以可以考虑把自然教育的相关课程学习放到旅游管理或环境学等与之有较大关联的专业下进行。这样不仅为学生提供多样的从业参考，也能在一定程度上解决自然教育人才紧缺的问题。

四、自然教育导师教学素养要求

自然教育导师型人才是一种综合性的人才，既要懂得自然教育方面的专业知识，也需要懂得如何将这些专业知识传递给学生；既要清晰地理解自然教育的宗旨和目标，又要懂得如何设计自然课程以适应不同的群体。本节总结了自然教育导师型人才应具备的两大素养，即教育教学素养和专业知识素养。

首先，自然教育导师型人才需要了解自然教育的发展历史、宗旨目标以及教学模式等方面的知识，这是从事自然教育工作的前提，导师应当能够理解自然教育是促进人们健康发展的教育活动，对自然教育充满信心，发自内心地乐于从事自然教育工作。导师还应该具备较高的自然环境素养，对保护自然环境有深深的责任感，关注国际上关于自然教育、环境教育等方面的新变化，促进自身的可持续发展。

其次，作为一名自然教育导师，需要拥有教育教学方面的知识，例如教育原理、教育心理学、儿童心理学、儿童教育等方面的知识。现在有许多非师范专业或非教育学行业的人士涉足自然教育，这些人员进入自然教育行业的前后都没有接受过规范的教育学类知识培训，这样会导致整个导师团队素养和能力的参差不齐。为了提高我国整个导师团队的质量，应要求从事自然教育导师工作的人员参加教育学方面的知识培训，使其应懂得运用专业教育学知识设计自然教育课程，应懂得针对不同的群体采用不同的教学策略和手段开展活动。只有借助科学的教学方法和手段，才能有效地引导学生掌握一定的自然知识，热爱自然环境，从而实现自然教育的目标。

最后，这一方面的学习应该配有更具体、更实际的考核方式，牢牢把控导师的从业资质。具体可以表现为书面的知识测试和实际的课程操作两大部分，我们需要的自然教育导师型人才是既懂得教育教学知识，又要懂得将这些知识通过实际的课程操作表现出来的综合型人才。

五、自然教育导师专业素养要求

自然教育涉及多个学科领域，自然教育是一门综合性的学科，涉及地理学、动物学、植物学、天文学、物理学等多个学科的知识，自然教育导师需要掌握包括自然科学类知识、自然技能知识以及自然价值方面的知识，可以说，自然教育导师是一个十分具有挑战性的职业。

首先是自然科学类的知识，这部分的知识是自然教育课程内容的基础，也是自然教育课程最初的环节，孩子们对自然的情感首先是从了解自然开始的。导师需要对植物学、动物学、生态学、地理学等方面有所了解，才能游刃有余地开展各类自然课程。不过，自然教育的课程可以针对不同的基地，也可以根据各地情况的不同而选择相应的内容，并非每一次课程都要涉及全部的知识内容。因此，导师可以根据自身专业来专攻某一个领域的知识，若了解其他学科的知识则更为理想。毕竟，要求导师精通所有的知识也是不切实际的。

其次是自然技能类的知识，自然教育的课程与学校课堂的教学有所不同，自然教育课程更加侧重通过自然课程拉近人与自然的关系，促进学习者的健康成长，培养学习者对自然的情感，从而上升到学习者对自然的尊重。自然技能知识是导师在理解自然科学知识的基础上对自然科学理论的实践应用，例如与动植物和谐相处的技能，通过观察动植物的生活环境，学会如何减少对动植物的破坏等，促进人与自然的和谐相处；还有学习自然探险方面的知识，通过有趣的课程活动，学习应对自然灾害（遇到猛兽、暴雨、泥石流等）的求生技能，掌握在大自然中生存的自我保护技能，等等。

最后是自然价值方面的知识，这部分的知识是自然教育进行升华的环节，自然教育的重要目的之一就是希望通过课程学习，让参与者们了解自然的重要性，了解自然教育的价值所在，珍惜自然，爱护自然。自然的价值是人们对自然环境的理性思考，导师应当学会正确地引导参与者反思人们对自然环境的行为和态度，例如导师需要学会如何引导参与者思考生物多样性对人类生存发展的价值、如何承担起保护自然的责任等问题[1]。

---

[1] 王可可.国家公园自然教育设计研究［D］.广州：广州大学，2019.